ELEMENTI DI PROGRAMMAZIONE IN

MATLAB

COME SVILUPPARE APPLICAZIONI PARTENDO DA ZERO

Giuseppe Ciaburro

Dedicato ai miei figli Luigi e Simone.

Copyright

Elementi di programmazione in Matlab
Autore: Giuseppe Ciaburro
giuseppe.ciaburro@gmail.com

Sommario

Capitolo primo
Introduzione

MATLAB rappresenta una piattaforma software ottimizzata per la risoluzione di problemi scientifici e di progettazione. In essa sono integrati il calcolo, la visualizzazione e la programmazione in un ambiente di facile impiego, in cui i problemi e le soluzioni sono espressi in una notazione matematica familiare. Il nome MATLAB corrisponde all'acronimo del termine "**Mat**rix **Lab**oratory", cioè laboratorio della matrice. MATLAB era stato in origine scritto per fornire facile accesso al software delle matrici, poi si è evoluto durante gli anni grazie anche agli input arrivati da numerosi utenti. Il linguaggio di programmazione MATLAB è quindi basato sulle matrici che rappresentano il modo più naturale di esprimere la matematica computazionale. Il suo ambiente desktop invita alla sperimentazione, all'esplorazione e alla scoperta. La grafica integrata semplifica la visualizzazione e fornisce una comprensione approfondita dei dati.

MATLAB è inoltre caratterizzato dalla presenza di soluzioni specifiche a problemi applicativi denominate toolboxes. Molto utili per la maggior parte degli utenti MATLAB, i toolboxes forniscono le basi per applicare tali strumenti alla tecnologia specialistica. I toolboxes rappresentano collezioni complete di funzioni MATLAB (denominate M-files) che estendono l'ambiente MATLAB al fine di risolvere particolari categorie di problemi.

Matlab al primo avvio

Dopo aver provveduto alla corretta installazione della piattaforma MATLAB, per avviare l'applicazione sarà sufficiente eseguire un doppio clic sull'icona presente sul desktop, oppure digitare il comando `matlab` al prompt presente in una finestra del terminale che il sistema operativo in uso rende disponibile.

Al primo avvio, MATLAB ci mostrerà una scrivania di contenuti con tutti gli oggetti necessari al suo corretto e agevole utilizzo. Nella Figura 1.1 è riportato l'aspetto del desktop di MATLAB nella versione R2016b.

Figura 1.1 – Il desktop di MATLAB R2016b su Windows 10.

Analizzando il desktop di MATLAB (Figura 1.1) è possibile individuare delle zone specifiche: nella parte alta ad esempio sono disponibili le caratteristiche barre delle applicazioni Windows:
1. la barra del titolo;
2. la barra dei menu;
3. la barra degli strumenti standard.

Nella restante parte invece compare lo spazio di lavoro dell'applicazione (Workspace), che rappresenterà appunto la zona in cui andremo ad elaborare i nostri dati. L'area di lavoro di MATLAB è suddivisa in finestre (panel), tra le quali assumono particolare importanza le seguenti:
- Current Folder;
- Workspace;
- Command Window;
- Command History.

Analizziamole nel dettaglio: la current Folder elenca i file presenti nella directory corrente di MATLAB. La directory corrente assume un ruolo fondamentale nell'utilizzo dell'applicazione in quanto rappresenta la directory a partire dalla quale MATLAB parte alla ricerca degli script e delle funzioni che sono richieste al prompt. Affinché tali informazioni siano correttamente richiamate è necessario quindi che siano contenute nella `Current Folder`.

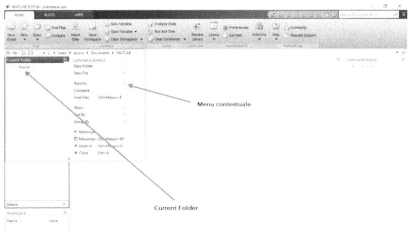

Figura 1.2 – La Current Folder ed il relativo menu contestuale.

Di default MATLAB assume quale `Current Folder` una directory creata ad hoc durante l'installazione del pacchetto, contenuta nel percorso dell'utente locale.

A questo punto possiamo procedere in due modi: o utilizziamo tale directory come punto di riferimento per i nostri file avendo accortezza di salvare/trasferire in essa ogni file che utilizzeremo nei nostri calcoli oppure cambieremo semplicemente tale directory. Questo perché la `Current folder` può essere cambiata, in modo da puntare alla directory dove sono memorizzati i nostri file, cliccando sul pulsante del menu a tendina, che aprirà un menu contestuale con tutti i comandi necessari per poter operare.

La finestra `Workspace` elenca tutte le variabili presenti attualmente nello spazio di lavoro di MATLAB; tale finestra è ovviamente vuota quando si inizia una nuova sessione di lavoro. Man mano che introduciamo nuove variabili, tale finestra si popola di nuovi elementi e rappresenta un utile strumento per avere rapida traccia delle variabili che attualmente sono presenti nello spazio di lavoro e delle relative proprietà. Anche per tale finestra, cliccando sul pulsante del menu a tendina sarà possibile aprire il relativo menu contestuale che ci consentirà di individuare tutti i comandi necessari per poter operare sulle variabili in essa contenute.

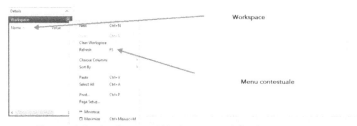

Figura 1.3 – La finestra Workspace ed il relativo menu contestuale.

Passiamo quindi ad analizzare la finestra `Command Window` che rappresenta la parte principale dell'applicazione: rappresenta l'interfaccia tra il software e l'utente, cioè, il luogo in cui sono accettati i comandi MATLAB digitati dall'utente, al suo tipico prompt caratterizzato dalla doppia parentesi angolare ›› che ci indica dove digitare i comandi; una volta inserito il comando basterà premere il tasto `Invio` per rendere operativo l'input impartito.

Per comprendere il funzionamento della `Command Window` utilizziamo MATLAB come un semplice calcolatore. Supponiamo di voler effettuare la somma di due numeri, nella fattispecie `10` e `90`: per eseguire tale operazione basterà posizionare il cursore a destra del simbolo ››, scrivere appunto `10+90` e quindi premere il tasto `Invio`, ottenendo in questo modo il risultato mostrato in Figura 1.4.

Nella Figura 1.4 è possibile verificare coma MATLAB abbia eseguito l'operazione e abbia assegnato il risultato alla variabile `ans`. Dal momento che non abbiamo specificato una variabile di output, MATLAB utilizza una variabile di default appunto `ans`, abbreviazione di `answer`, per memorizzare i risultati del calcolo. Questa operazione è eseguita da MATLAB di default per ogni successiva operazione, con il risultato che il contenuto di questa variabile `ans`, che potremmo definire come una variabile di lavoro è sovrascritta ad ogni occorrenza. Per evitare di perdere tale informazione, dovremo definire nuove variabili a partire dal prossimo calcolo.

Infine analizziamo la finestra `Command History` che compare nella barra laterale destra (Figura 1.1), in essa sono riportati, in ordine cronologico tutti i comandi impartiti al prompt di MATLAB, nella sessione corrente.

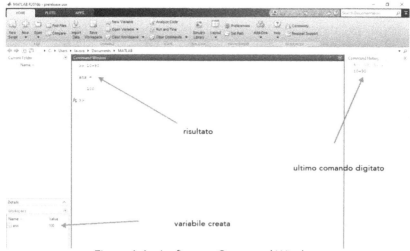

Figura 1.4 – La finestra Command Window.

Rappresenta un'utile risorsa, in quanto attraverso la storia dei comandi risulterà semplice richiamare un comando già impartito al prompt, mediante la pressione del tasto Freccia su, senza doverlo riscrivere ex novo. Non solo, sarà possibile, inoltre, una volta richiamato un comando, effettuare le opportune modifiche così da editare un nuovo comando a partire da uno già esistente.

È opportuno precisare, che MATLAB di default presenta nel suo desktop solo le prime tre finestre, per aggiungere la finestra Command History sarà necessario cliccare nel menu Home quindi sul comando Layout, aprendo in questo modo un menu contestuale nel quale dovremo individuare la voce Command History e selezionare la spunta alla voce Docked (Figura 1.5).

Comandi preliminari

Con il semplice esempio introdotto nel paragrafo precedente, abbiamo imparato ad impartire dei comandi al prompt di MATLAB. Proseguiamo allora in questo senso analizzando tre comandi di base, che risulteranno particolarmente utili nel futuro, quando con il Workspace pieno di oggetti creati attraverso le nostre elaborazioni, si renderà necessario effettuare un pò di pulizia.

Figura 1.5 – Come visualizzare la finestra Command Histogramory.

Quando iniziamo un nuovo progetto è essenziale procedere alla pulizia dello spazio di lavoro, attraverso la rimozione di tutte le variabili che sono attualmente presenti nel Workspace di MATLAB. Tutto questo per evitare un possibile conflitto con i nomi di variabili utilizzati nei progetti precedentemente utilizzati. È pur vero che, come già detto, quando avviamo una nuova sessione di lavoro, il Workspace di MATLAB, si presenta vuoto ma a volte i nostri calcoli possono essere avviati a sessione già in esecuzione ed allora è necessario effettuare tale operazione.

Per fare questo digiteremo il comando clear al prompt di MATLAB:

```
>> clear
```

ottenendo la pulizia immediata del Workspace con la rimozione di tutte le variabili attualmente in uso. Verifichiamo il tutto con un esempio: introduciamo allora alcune variabili e successivamente ripuliamo il Workspace di MATLAB.

```
>> a=10
a =
    10
>> b=20
b =
    20
```

```
>> c=30
c =
    30

>> clear
```

Dal confronto delle due finestre presenti nella Figura 1.6, che riportano il contenuto del Workspace di MATLAB prima e dopo l'utilizzo del comando clear è possibile verificare la completa rimozione di tutte le variabili ivi contenute.

Figura 1.6 – Pulizia del Workspace di MATLAB con il comando clear.

È utile a questo punto introdurre un ulteriore comando che ci servirà per riprodurre il contenuto Workspace di MATLAB, mi riferisco al comando who che appunto elenca tutte le variabili presenti nel Workspace.

```
>> a=10
a =
    10

>> b=20
b =
    20

>> c=30
c =
    30
```

```
>> who
Your variables are:
a   b   c
```

Un secondo comando che effettua una operazione simile ma fornendo maggiori informazioni è whos che appunto elenca il contenuto del Workspace di MATLAB, fornendo questa volta maggiori informazioni per ogni variabili elencate:

```
>> a=10
a =
    10

>> b=20
b =
    20

>> c=30
c =
    30

>> whos
  Name      Size            Bytes  Class     Attributes
    a       1x1                 8  double
    b       1x1                 8  double
    c       1x1                 8  double
```

Abbiamo visto come utilizzare il comando clear per rimuovere tutto il contenuto del Workspace di MATLAB, ma tale comando può anche essere utilizzato in modo meno invasivo ad esempio per rimuovere una singola variabile oppure un gruppo di esse. Vediamo come nell'esempio che segue:

```
>> a=10
a =
    10

>> b=20
b =
    20

>> c=30
c =
    30

>> who
Your variables are:
```

```
a   b   c

>> clear a b

>> who
Your variables are:
c
```

Un'altra finestra che man mano che inizieremo ad introdurre gli elementi dei nostri calcoli si popolerà a tal punto da renderne illeggibile il contenuto è la Command Window di MATLAB. Ma anche per la pulizia della Command Window, MATLAB, prevede un apposito comando: si tratta della funzione clc che appunto la ripulisce da tutti i comandi digitati nella sessione corrente.
È utile ricordare che tale comando cancella solo le linee di codice presenti nella finestra di comando, senza modificare il contenuto del Workspace. Quindi, le variabili presenti all'interno del programma permangono in esso con la possibilità di riutilizzarle all'occorrenza. Nella Figura 1.7 è riportato il desktop di MATLAB prima e dopo l'utilizzo del comando clc, nella finestra di destra è possibile notare come sia stata ripulita la Command Window lasciando inalterato il contenuto del Workspace.

Figura 1.7 – Pulizia della Command Window di MATLAB con il comando clc.

Infine sempre nell'ottica delle "pulizie di inizio progetto", analizziamo il comando close all che ci consente di chiudere tutte le finestre delle Figure presenti nel desktop di MATLAB. Ricordiamo a tal proposito che MATLAB oltre ad essere un potente strumento di calcolo, offre un altrettanto importante supporto per la visualizzazione dei dati. Nell'ambiente MATLAB risulta particolarmente semplice realizzare dei grafici, a partire dai dati in nostro possesso, ed ogni grafico sarà visualizzato in un'apposita finestra grafica. Tali finestre potranno così fornire contemporaneamente diverse visualizzazioni dei nostri dati.

Per evitare che finestre precedentemente create in un altro progetto, si possano sovrapporre a quelle create nel progetto corrente è opportuno far precedere ad ogni nuovo calcolo appunto il comando

```
>> close all
```

che ci consente, attraverso una singola operazione di chiudere tutte le finestre, create dal comando Figure e aperte nei calcoli precedenti.

Inserimento di dati

Dopo aver imparato a ripulire il desktop di MATLAB, da tutto ciò che non è più utile ai nostri calcoli, impariamo ora ad inserire correttamente i nostri dati, dati questi che dovranno poi essere elaborato con i potenti mezzi che tale piattaforma ci mette a disposizione. Ricordiamo che il termine MATLAB corrisponde all'acronimo del termine "Matrix Laboratory", cioè laboratorio della matrice; MATLAB infatti, come già detto, era stato in origine scritto per fornire facile accesso alle matrici, e per offrire strumenti idonei all'elaborazioni delle stesse.

Ne deriva che il classico oggetto gestito da MATLAB è una matrice, cioè un array bidimensionale rettangolare di numeri. Un semplice array costituito da un singolo elemento è visto come uno scalare. Mentre array con una sola colonna o riga sono considerati dei vettori. Un array multidimensionale m-by-n può essere infine utilizzato per modelli più elaborati.

Iniziamo allora ad inserire una semplice matrice 3x3 (3 righe e 3 colonne), per fare questo basterà digitare:

```
>> A=[1 2 3; 4 5 6; 7 8 9]
```

```
A =
    1    2    3
    4    5    6
    7    8    9
```

Per introdurre nell'ambiente MATLAB la nostra prima matrice abbiamo seguito queste semplici regole:
- separare gli elementi di una riga con spazi vuoti o virgole;
- usare un punto e virgola ";" per indicare la fine di ciascuna riga;
- racchiudere l'elenco degli elementi in parentesi quadrate [ ].

In questo modo la matrice A è salvata automaticamente nel Workspace di MATLAB. Ora la si può richiamare semplicemente digitando al prompt di MATLAB il carattere A che rappresenta come è possibile intuire il nome della variabile. Quindi, si possono eseguire su di essa tutte le operazioni matematiche. È opportuno precisare, a questo punto, che MATLAB è case sensitive, quindi distingue tra lettere maiuscole e minuscole; ne deriva che A e a rappresentano due nomi di variabile entrambi ammessi e che identificano porzioni di memoria differenti.
Verifichiamo il tutto introducendo una nuova variabile con il nome a:

```
>> a=[9 8 7;6 5 4;3 2 1]
a =
    9    8    7
    6    5    4
    3    2    1
```

Elenchiamo il contenuto del workspace con il comando whos:

```
>> whos
  Name      Size            Bytes  Class     Attributes
  A         3x3                72  double
  a         3x3                72  double
```

che ci conferma la presenza, nel Workspace di MATLAB, di due variabili distinte A e a. Effettuiamo infine un semplice calcolo algebrico andando a sommare le due matrici:

```
>> A+a
```

```
ans =
    10    10    10
    10    10    10
    10    10    10
```

Finora abbiamo creato le nostre matrici semplicemente introducendo un elenco esplicito di elementi, ma esistono altri modi per immettere matrici in MATLAB. Di seguito ne è riportato un elenco:
- introdurre un elenco esplicito di elementi;
- generare matrici utilizzando le apposite funzioni contenute in MATLAB;
- creare matrici con le proprie funzioni presenti in opportuni M-files;
- caricare matrici da file di dati esterni.

Vediamo allora come generare degli array utilizzando delle apposite funzioni già contenute nell'ambiente MATLAB, per ognuna di tali funzioni è possibile indicare il numero di righe e di colonne racchiudendo tale informazione tra parentesi tonde.
Partiamo allora dalla funzione ones() che crea un array, di dimensioni specificate dall'utente, i cui elementi sono costituiti da uno:

```
>> UNO=ones(2,3)
UNO =
    1    1    1
    1    1    1
```

Abbiamo in questo modo creato una matrice con due righe e tre colonne, i cui elementi sono tutti 1. Attraverso tale funzione potremo creare un array contenente qualsiasi numero, infatti moltiplicando la funzione per un'opportuna costante si può imporre uno scalare diverso da 1:

```
>> DUE=2*ones(2,3)
DUE =
    2    2    2
    2    2    2
```

Passiamo alla funzione zeros() che crea un array, di dimensioni specificate dall'utente, i cui elementi sono costituiti da zero:

```
>> C=zeros(2,3)
C =
     0     0     0
     0     0     0
```

Per finire con la funzione rand() che crea un array, di dimensioni specificate dall'utente, i cui elementi sono costituiti da una distribuzione uniforme di numeri casuali compresi tra 0 e 1:

```
>> CASUALE=rand(2,3)
CASUALE =
    0.8147    0.1270    0.6324
    0.9058    0.9134    0.0975
```

Finora abbiamo inserito i nostri dati ed abbiamo premuto Invio, in questo modo MATLAB ha mostrato automaticamente i risultati sullo schermo. Se invece si termina la linea con un punto e virgola, MATLAB esegue il calcolo ma non espone a schermo alcuna informazione. Questo è particolarmente utile quando si generano grosse quantità di dati che non necessitano di una visualizzazione immediata, ma che al contrario, in occasione di tale evenienza, determinerebbero una inutile congestione della Command Window di MATLAB, oppure quando si eseguono script complessi che richiedono il calcolo di numerose variabili intermedie che però nulla ci dicono sull'evoluzione dell'elaborazione. Come esempio, introduciamo la matrice A già utilizzata in precedenza:

```
>> A=[1 2 3; 4 5 6; 7 8 9]
A =
     1     2     3
     4     5     6
     7     8     9
```

E vediamo cosa accade se terminiamo la riga con il punto e virgola:

```
>> A=[1 2 3; 4 5 6; 7 8 9];
```

In tal caso la variabile è correttamente definita ma il suo contenuto non è esposto a video.
In precedenza abbiamo imparato a richiamare un comando già

utilizzato per rendere il lavoro quanto più veloce possibile; una ulteriore caratteristica che offre MATLAB è la possibilità di utilizzare il copia e incolla nella Command Window. Questo vuol dire che una riga di codice può essere copiata da qualsivoglia applicativo e importata nel Workspace di MATLAB, in modo che possa diventare un comando a tutti gli effetti.

Tale caratteristica ci consente ad esempio di copiare le porzioni di codice presenti in questo libro (se si dispone della versione elettronica), oppure da qualsiasi risorsa ed incollarle direttamente nella Command Window di MATLAB per verificarne l'effettivo funzionamento. Per fare questo basterà selezionare il comando, copiarlo con i consueti strumenti, che il sistema operativo in uso, ci mette a disposizione (comando copia presente nel Menu oppure click destro e Menu contestuale), oppure tramite la combinazione dei tasti Ctrl+C, e incollarlo nella linea di comando attraverso una procedura analoga.

Manipolazione di dati

Dopo aver introdotto le nozioni di base sull'inserimento dei dati nel Workspace di MATLAB, passiamo ad analizzare dei semplici comandi che ci consentano di modificare i dati già presenti.
Un primo modo di trasformare un array è quello di eseguire su di esso delle semplici operazioni algebriche, abbiamo già visto in tal senso cosa accade quando sommiamo due matrici:

```
>> A=[1 2 3;4 5 6;7 8 9]
A =
     1     2     3
     4     5     6
     7     8     9

>> B=[10 20 30;40 50 60;70 80 90]
B =
    10    20    30
    40    50    60
    70    80    90

>> C=A+B
C =
    11    22    33
    44    55    66
    77    88    99
```

Oppure moltiplicando la matrice per uno scalare:

```
>> D=10*A
D =
    10    20    30
    40    50    60
    70    80    90
```

In tal senso, MATLAB, dispone inoltre di numerose funzioni ed operatori che ci permettono di modificare gli array introdotti nel suo ambiente attraverso delle semplici operazioni.
La prima cosa che possiamo fare è trasporre una matrice, ricordando che per trasposizione s'intende la disposizione degli elementi di una colonna su una riga. L'operazione di trasposizione è effettuata attraverso l'applicazione dell'operatore apostrofo ', nel seguente modo:

```
>> A=[1 2 3;4 5 6;7 8 9]
A =
    1    2    3
    4    5    6
    7    8    9

>> TRASPOSTA=A'
TRASPOSTA =
    1    4    7
    2    5    8
    3    6    9
```

Così accade che la prima riga della matrice **A** sia divenuta la prima colonna della matrice **TRASPOSTA** e così via. Supponiamo di voler eseguire ora la somma degli elementi della nostra matrice: per fare questo MATLAB dispone della funzione **sum()**, che appunto esegue la somma degli elementi di ogni colonna di una matrice, e pone il risultato in un vettore riga.

```
>> A=[1 2 3;4 5 6;7 8 9]
A =
    1    2    3
    4    5    6
    7    8    9

>> SOMMA_COLONNE=sum(A)
SOMMA_COLONNE =
    12    15    18
```

Il fatto che esegua la somma degli elementi di ogni colonna e non di ogni riga denuncia una preferenza di MATLAB (di default), a lavorare con le colonne di una matrice.

Per effettuare la somma degli elementi di una riga ci viene in soccorso la stessa funzione `sum()`, che potendo essere applicata aggiungendo nell'argomento anche la dimensione dei vettori dei quali si desidera effettuare la somma, ci consente di specificare le righe quale dimensione su cui effettuare appunto la somma degli elementi. Infatti, utilizzando la notazione `sum(A,2)` otterremo la somma delle righe:

```
>> A=[1 2 3;4 5 6;7 8 9]

A =
     1     2     3
     4     5     6
     7     8     9

>> SOMMA_RIGHE=sum(A,2)

SOMMA_RIGHE =

     6
    15
    24
```

Appare evidente che la dimensione `1` si riferisca alle colonne mentre la dimensione `2` si riferisca alle righe. La stessa funzione `sum()` applicata ad un vettore ci restituisce uno scalare somma dei suoi elementi:

```
>> scalare1=sum(SOMMA_COLONNE)
scalare1 =
    45

>> scalare2=sum(SOMMA_RIGHE)
scalare2 =
    45
```

Che fornisce lo stesso risultato, essendo in entrambi i casi la somma di tutti gli elementi della nostra matrice di partenza.

Un'altra funzione interessante è la funzione `diag()` che estrae solo gli elementi della diagonale di una matrice, ponendo il risultato in un vettore colonna:

```
>> A=[1 2 3;4 5 6;7 8 9]
A =
     1     2     3
     4     5     6
     7     8     9
>> DIAGONALE=diag(A)
DIAGONALE =
     1
     5
     9
```

A proposito poi di dimensioni di una matrice, può in alcuni casi risultare utile la funzione size(), che restituisce il numero di elementi, per ogni dimensione, dell'array a cui è applicata; nel caso di una matrice ci fornisce il numero di righe e di colonne della stessa. Applichiamola ad un semplice esempio:

```
>> A=[1 2 3;4 5 6]
A =
     1     2     3
     4     5     6
>> size(A)
ans =
     2     3
>> size(A,1)
ans =
     2
>> size(A,2)
ans =
     3
```

Come appena visto la funzione size() ci restituisce la dimensione di una matrice a seconda di come la si utilizza. Per esempio:
1) Se utilizziamo la funzione nella forma size(A), otterremo come risultato un vettore riga di dimensione 2 in cui il primo elemento è il numero di righe di A e il secondo elemento è il numero di colonne di A.
2) Se utilizziamo la funzione nella forma size(A, 1), ci sarà restituito uno scalare pari al numero di righe di A.
3) Se infine utilizziamo la funzione nella forma size(A, 2), ci sarà

restituito uno scalare pari al numero di colonne di A.

Documentazione e aiuto in linea

Abbiamo da poco imparato a muoverci nell'ambiente MATLAB, ma di sicuro avremo avvertito l'esigenza di un aiuto per comprendere il significato di un comando o meglio ancora per individuare quella specifica funzione che ci consente di effettuare un'operazione. Tutto questo è possibile senza abbandonare l'ambiente MATLAB in quanto è già provvisto di una corposa documentazione e di un servizio di aiuto che ci guida nella individuazione della risorsa di cui abbiamo bisogno.

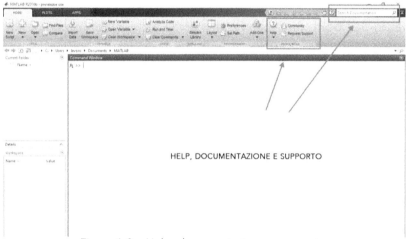

Figura 1.8 – Help, documentazione e supporto.

Infatti sul desktop di MATLAB è presente un'intera sezione dedicata appunto alla consultazione della documentazione a corredo del software (Figura1.8).

Cliccando sull'icona con il punto interrogativo si aprirà la finestra Help (Figura 1.9) che ci consentirà di avere una panoramica sulla documentazione disponibile a corredo del software. Naturalmente la quantità di documentazione dipenderà dal numero di pacchetti che abbiamo a disposizione nella nostra installazione, e pertanto sarà già comodamente suddivisa per tool.

Figura 1.9 – La finestra dell'Help di MATLAB.

In tale finestra possiamo muoverci attraverso dei collegamenti ipertestuali, individuando le informazioni che ci occorrono tra le voci dell'indice che ci è proposto, oppure digitando una parola chiave nell'apposito box disponibile per la ricerca. In questo secondo caso, ci verrà restituito un elenco di possibili risorse legate a tale parola, nel quale potremo individuare quella che meglio si avvicina alle nostre esigenze.

In ogni caso nella parte alta della finestra sarà disponibile una barra degli strumenti con le icone frecce che ci consentiranno di ripercorrere il percorso fin qui tracciato, al fine di recuperare le informazioni precedentemente individuate.

Nell'indice dei contenuti della finestra dell'`Help` di MATLAB (Figura 1.9) è possibile individuare la voce `Examples`: si tratta di un collegamento ipertestuale che punta ad una pagina in cui sono riportati un gran numero di esempi, riguardanti svariati argomenti, relativi ai tool installati sulla nostra macchina.

Ancora una volta potremo muoverci nell'indice dei contenuti andando a selezionare il pacchetto che ci interessa, ed avendo in questo modo riproposto una serie di esempi, chiaramente presentati, che ci guideranno nell'apprendimento di interessanti caratteristiche.

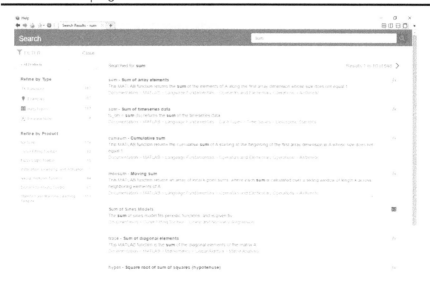

Figura 1.10 – Risultato della ricerca della parola chiave sum.

Ad esempio, selezionando il pacchetto Matlab, ci verranno proposti utili esempi sulle operazioni di base sulle matrici quali (Figura 1.11):
- Basic Matrix Operations
- Matrix Manipulation
- Manipulating Multidimensional Arrays
- Create a Structure Array

Inoltre MATLAB dispone di uno specifico comando `help()` che rappresenta il modo più semplice per determinare la sintassi e il comportamento di una particolare funzione. Informazioni in merito sono fornite direttamente nella finestra di comando.

Supponiamo di voler approfondire quanto già detto sulla funzione `sum()` che abbiamo in precedenza utilizzato per sommare gli elementi di una matrice.
Allora digitando al prompt di MATLAB il seguente comando:

```
>> help sum
```

Figura 1.11 – Alcuni esempi Matlab disponibili nell'Help.

Ottenendo, in questo caso, una dettagliata descrizione della funzione con l'indicazione del suo significato, della corretta sintassi da adottare e dei suoi possibili usi; descrizione corredata da diversi esempi che meglio ce ne faranno comprendere le modalità di esecuzione. Infine saranno disponibili anche una serie di link ad argomenti simili o ad essa legati.

```
>> help sum
 sum Sum of elements.
    S = sum(X) is the sum of the elements of the vector X.
    If X is a matrix, S is a row vector with the sum over each
    column. For N-D arrays, sum(X) operates along the first
    non-singleton dimension.

    S = sum(X,DIM) sums along the dimension DIM.

    S = sum(...,TYPE) specifies the type in which the
    sum is performed, and the type of S. Available options are:

    'double'    - S has class double for any input X
    'native'    - S has the same class as X
    'default'   - If X is floating point, that is double or single,
                  S has the same class as X. If X is not floating
                  point,S has class double.

    S = sum(...,NANFLAG) specifies how NaN (Not-A-Number) values are
    treated. The default is 'includenan':

    'includenan' - the sum of a vector containing NaN values is
```

```
                    also NaN.

    'omitnan'      - the sum of a vector containing NaN values
                     is the sum of all its non-NaN elements. If all
                     elements are NaN, the result is 0.
    Examples:
      X = [0 1 2; 3 4 5]
      sum(X, 1)
      sum(X, 2)

      X = int8(1:20)
      sum(X)                  % returns double(210), accumulates
                              % in double
      sum(X,'native')         % returns int8(127), because it
                              % accumulates in
                              % int8 but overflows and saturates.

    See also prod, cumsum, diff, accumarray, isfloat.
    Reference page for sum
    Other functions named sum
```

Quando si digita il nome di una funzione, è necessario utilizzare sempre i corrispondenti caratteri minuscoli, perché MATLAB è case sensitive e tutte le funzioni sono in lowercase (minuscolo).
In caso contrario, dopo aver cercato inutilmente una funzione con quel nome, sarà sollevato un errore del tipo:

```
>> SUM(A)
Undefined function or variable 'SUM'.
```

Ma la documentazione a corredo del software non si limita a questo; sul sito della MathWorks è disponibile tutta la documentazione relativa a tutti i pacchetti disponibili, senza alcuna limitazione legata ai pacchetti previsti dalla nostra licenza.
Per accedere a tale risorsa basterà aprire un browser ed inserire il seguente url:

```
http://it.mathworks.com/help/
```

Inoltre sempre dal sito della MathWorks sarà possibile accedere ad una ricca offerta di assistenza che prevede, tra l'altro:
- il download dei prodotti in versione di prova,
- un aiuto sulla installazione dei pacchetti,
- numerosi tutorials sulle procedure più utilizzare in ambiente MATLAB,

- documentazione su tutti i pacchetti disponibili,
- esempi,
- risposte alle domande più frequenti.

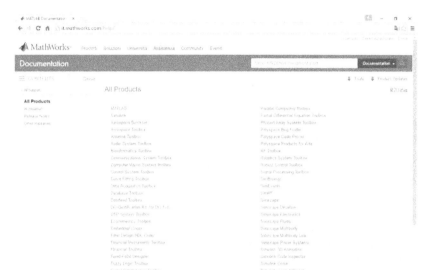

Figura 1.12 – Documentazione online disponibile sul sito della MathWorks.

Sempre dal sito della MathWorks, sarà possibile accedere ad una ricca offerta di videolezioni sugli argomenti più interessanti, nelle quali sono sviluppate in maniera semplice ma esaustiva, tutte le procedure per risolvere i problemi più comuni di calcolo numerico.L'utente avrà in questo modo la possibilità di vedere ed ascoltare i guru di Matlab al lavoro che ci spiegano come utilizzare gli strumenti che il software ci mette a disposizione.

E poi ci sono i seminari via web (webinar) che rappresentano degli eventi live usufruibili attraverso la rete, che consentono a più persone contemporaneamente di collegarsi in diretta per partecipare a una lezione interattiva, un corso di formazione suddiviso in più sessioni, un workshop o una conferenza.

Grazie alla diffusione di internet, tramite il webinar si potrà fruire in un'unica esperienza, della comodità di fruizione da casa con l'efficacia e l'interattività tipiche di un evento in presenza.

Proprio come in un'aula reale ci si ritroverà all'ora prestabilita e tutti i partecipanti avranno la possibilità di intervenire attivamente nel corso dell'evento per porre domande e condividere idee.

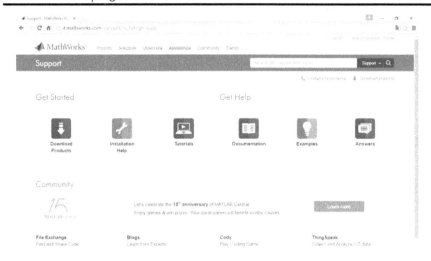

Figura 1.13 – Assistenza disponibile sul sito della MathWorks.

Figura 1.14 – Esempi di vide lezioni su Matlab.

A tal proposito, nel corso del tempo, sono offerti sempre maggiori appuntamenti riguardanti diversi argomenti, fruibili, previa registrazione, in tempo reale con la possibilità di intervenire nella discussione che ne scaturisce, oppure ad evento scaduto si potrà semplicemente rivedere il tutto traendo comunque delle importanti indicazioni.

Capitolo secondo
Concetti di base

Elementi di una matrice

Abbiamo già detto che in MATLAB tutto è una matrice, cosicchè i suoi elementi rappresentano i componenti di base con i quali dobbiamo acquisire la giusta familiarità. Dapprima, avendo già visto come eseguire le operazioni di base per l'inserimento e la manipolazione di una matrice, vediamo come accedere ad ogni suo singolo elemento.

In MATLAB, il singolo elemento presente nella riga i e colonna j di una generica matrice A è denotato con il simbolo A(i,j). Tali indici devono assumere sempre valori positivi, eventuali indici frazionari sono approssimati al più grande intero minore o uguale all'indice proposto, mentre se si inserisce un elemento con indice negativo oppure uguale a zero, si ha sullo schermo il seguente messaggio di errore:

```
??? Subscript indices must either be real positive integers or logi
cals.
```

Cerchiamo analizzando un semplice esempio, di comprendere come individuare correttamente un singolo elemento di una matrice. Per fare questo utilizziamo la matrice già adoperata in precedenza.

```
>> A=[1 2 3; 4 5 6; 7 8 9]
A =
     1     2     3
     4     5     6
     7     8     9
```

In essa, l'elemento che occupa la posizione in corrispondenza della seconda riga e terza colonna, cioè il numero 6, può essere individuato attraverso il simbolo A(2,3). Verifichiamolo:

```
>> A(2,3)
ans =
     6
```

In questo modo, volendo calcolare la somma degli elementi nella terza colonna della matrice A, basterà digitare:

```
>> SOMMA_TERZA_COLONNA=A(1,3)+A(2,3)+A(3,3)
SOMMA_TERZA_COLONNA =
    18
```

Questa metodologia di indicizzazione ci consente in maniera semplice ed agevole di avere libero accesso agli elementi di una matrice, o più in generale di un array multidimensionale, attraverso l'utilizzo dei relativi indici racchiusi tra le parentesi.

In realtà, tale tecnica non ci consente solo di estrarre gli elementi da una matrice, ma anche di modificarli. Infatti, utilizzando l'operatore di assegnazione (il simbolo = per essere più chiari), è possibile modificare un singolo elemento oppure una serie di elementi. Supponiamo di voler modificare il valore contenuto nella posizione in corrispondenza della seconda riga e terza colonna, che abbiamo imparato ad individuare attraverso il simbolo A(2,3), e che in precedenza abbiamo identificato con il numero 6. Modifichiamo tale valore e poniamolo pari a 0.

```
>> A(2,3)=0
A =
     1     2     3
     4     5     0
     7     8     9
```

La semplice notazione adottata ci ha consentito di manipolare la matrice A, modificandone il contenuto. Ma cosa accade se tentiamo di accedere ad un elemento non presente nella matrice? Se si tenta di accedere ad un elemento non presente nella matrice, si commette un errore e MATLAB ci avverte di questo con un messaggio (Index exceeds matrix dimensions):

```
>> A(3,4)
Index exceeds matrix dimensions.
```

Difatti la matrice A ha dimensioni 3x3, quindi non esiste l'elemento in terza riga e quarta colonna; di questo MATLAB ci fornisce opportuna notifica attraverso la stampa del relativo messaggio di errore.

Ma l'operatore di assegnazione, già utilizzato in precedenza per modificare il contenuto di un elemento della matrice, può anche essere utilizzato per ampliare l'ordine della matrice. Supponiamo di voler introdurre un nuovo elemento nella matrice, nella posizione A(3,4), cioè nel posto individuato dalla terza riga e quarta colonna, laddove sappiamo che la matrice originaria era una matrice a 3 righe e 3 colonne. Vediamo cosa accade:

```
>> A(3,4)=10
A =
    1    2    3    0
    4    5    0    0
    7    8    9   10
```

Come possiamo notare, l'introduzione del nuovo elemento A(3,4) ha determinato l'inserimento di una nuova colonna in cui è presente l'elemento A(3,4)=10, così come indicato, mentre gli altri elementi della colonna sono tutti stati posti pari a 0.

L'indicizzazione degli elementi di una matrice, attraverso il doppio indice, di riga e di colonna, non è il solo possibile; è altresì possibile accedere agli elementi di una matrice utilizzando un singolo indice, A(k). Questo è il modo utilizzato di default da MATLAB per richiamare i vettori riga e i vettori colonna.

Ma si può anche applicare a una matrice bidimensionale; in questo caso la matrice è considerata come un vettore colonna, formata dalle colonne della matrice originale, una dopo l'altra. Allora, per la nostra matrice A, così come modificata dalle ultime operazioni, l'elemento denotato da A(12) è un altro modo di richiamare il valore 10 immagazzinato nella posizione A(3,4), cioè terza riga e quarta colonna. Vediamo questo ed altri esempi nel codice seguente:

```
>> A
A =
```

```
     1     2     3     0
     4     5     0     0
     7     8     9    10

>> A(12)
ans =
    10

>> A(4)
ans =
     2

>> A(6)
ans =
     8
```

Ma l'indicizzazione non rappresenta solo un mezzo di selezione di un sottoinsieme di elementi di una matrice. Abbiamo già visto che MATLAB offre diversi stili di indicizzazione che non solo si presentano decisamente potenti e flessibili, ma anche estremamente leggibili ed espressivi. In tale contesto l'indicizzazione si presta quale chiave per dimostrare l'efficacia di MATLAB nel manipolare le matrici presenti nei nostri programmi.

Il concetto di indicizzazione è poi strettamente legato ad un altro termine che gli utenti MATLAB sono abituati a sentire: la vettorializzazione. Per vettorializzazione s'intende la procedura attraverso la quale si sfruttano le caratteristiche che offre il linguaggio MATLAB per limitare il ricorso a cicli iterativi, con conseguente accelerazione nella esecuzione dei programmi e notevole miglioramento nella relativa leggibilità. Tra le molte tecniche di vettorizzazione possibili, molte si basano sui metodi di indicizzazione di MATLAB.

Un ultimo metodo di indicizzazione è quello che fa uso dell'operatore : (due punti). Con il suo utilizzo sarà possibile creare vettori, indicizzare le matrici, e specificare gli elementi da sottoporre ad iterazione.

L'operatore due punti, può essere utilizzato in diversi modi, in ogni caso risulta essenziale imparare a specificare gli indici che ci consentono di individuare gli elementi. L'operatore due punti agisce nel senso di specificare un intervallo di valori, che nel caso non fossero presenti gli estremi, si riferisce all'intero contenuto. Richiamiamo ancora una volta la matrice A già vista in precedenza:

```
>> A=[1 2 3; 4 5 6; 7 8 9]
A =
     1     2     3
     4     5     6
     7     8     9
```

Con l'utilizzo dell'operatore : sarà estremamente facile richiamare gli elementi di una colonna o di una riga:

```
>> A(:,1)
ans =
     1
     4
     7

>> A(1,:)
ans =
     1     2     3
```

In questo modo abbiamo richiamato l'intera prima colonna e l'intera prima riga rispettivamente, non avendo inserito in nessun caso alcun estremo dell'intervallo. Mentre per richiamare l'intera matrice basterà scrivere:

```
>> A(:,:)
ans =
     1     2     3
     4     5     6
     7     8     9
```

Ma avevamo detto che gli elementi di una matrice potevano essere individuati anche con l'utilizzo di un solo indice; allora tale operatore ci aiuta anche in questo caso:

```
>> A(4:6)
ans =
     2     5     8
```

che ci restituisce un vettore riga contenente la seconda colonna di A. Possiamo inoltre estrarre una serie di righe o di colonne in questo modo:

```
>> A(:,2:3)
ans =
```

```
     2     3
     5     6
     8     9
>> A(2:3,:)
ans =
     4     5     6
     7     8     9
```

Abbiamo in questo modo estratto le ultime due colonne e le ultime due righe della nostra matrice.

Ma l'operatore due punti, come già anticipato può essere utilizzato anche per creare delle matrici; infatti utilizzando l'operatore di assegnazione sarà possibile popolare una matrice in modo semplice e veloce. Vediamo a tal proposito dei semplici esempi:

```
>> vettore=1:9
vettore =
     1     2     3     4     5     6     7     8     9
```

crea un vettore riga che contiene i numeri interi da 1 a 9. Per ottenere un vettore con una sequenza con intervallo specifico, occorre specificare il relativo incremento. Per esempio, il codice seguente:

```
>> vettore=0:10:100
vettore =
     0    10    20    30    40    50    60    70    80    90   100
```

crea un vettore contenente gli interi da 0 a 100 con passo 10. Le espressioni seguenti che coinvolgono l'operatore due punti assegnano porzioni di una matrice e ci consentono in questo modo di costruire matrici complesse con poche istruzioni.

```
>> k=10;j=10;B(1:k,j)=7
B =
     0     0     0     0     0     0     0     0     0     7
     0     0     0     0     0     0     0     0     0     7
     0     0     0     0     0     0     0     0     0     7
     0     0     0     0     0     0     0     0     0     7
     0     0     0     0     0     0     0     0     0     7
     0     0     0     0     0     0     0     0     0     7
     0     0     0     0     0     0     0     0     0     7
```

```
0    0    0    0    0    0    0    0    0    7
0    0    0    0    0    0    0    0    0    7
0    0    0    0    0    0    0    0    0    7
```

In questo modo abbiamo costruito una matrice 10x10, ponendo tutti gli elementi dell'ultima colonna pari a 7, e fornendo dei valori alle variabili k e j.

Ma l'operatore : può anche essere utilizzato come argomento di una funzione già definita in MATLAB, come nel caso della funzione sum():

```
>> somma=sum(A(:,3))
somma =
    18
```

che calcola la somma degli elementi della terza colonna della matrice A.
In aggiunta all'operatore due punti è possibile utilizzare la parola chiave END, che si dimostra particolarmente utile nell'individuare intervalli di valori all'interno di una matrice. Ad esempio la seguente riga di codice:

```
A(:,end)
```

individua l'ultima colonna della matrice A. In questo modo, per calcolare la somma degli elementi nell'ultima colonna di A, in alternativa a quanto già visto nell'esempio precedente, possiamo scrivere:

```
>> somma=sum(A(:,end))
somma =
    18
```

Questa parola chiave può risultare particolarmente utile nei casi in cui non si conosce con precisione quante righe o colonne ci siano in una matrice.

Variabili

MATLAB, a differenza degli altri linguaggi di programmazione, non necessita di alcuna dichiarazione preliminare di tipo per la creazione di una variabile; quando riconosce un nome nuovo, crea automaticamente la variabile e registra il suo valore in memoria. Se la variabile già esiste, MATLAB cambia il suo contenuto e, se necessario, effettua una nuova allocazione di memoria.

Per esempio la seguente istruzione:

```
>> variabile = 10
```

crea una matrice `(1 x 1)` di nome `variabile` e immagazzina il valore `10` come suo unico elemento. I nomi delle variabili possono contenere caratteri scelti tra lettere, numeri e il simbolo _ (underscore). Nella dichiarazione delle variabili il nome deve iniziare con una lettera. La lunghezza massima di caratteri che possiamo utilizzare come nome di una variabile ci è fornito dal comando `namelengthmax`. Applicato alla macchina in uso per la realizzazione di questo testo ha fornito il seguente risultato:

```
>> namelengthmax

ans =

    63
```

Che mi indica che i nomi delle variabili possono contenere fino a 63 caratteri tra quelli già elencati in precedenza.Nel caso in cui siano forniti nomi di variabili troppo lunghi, allora MATLAB userà solamente i primi 63 caratteri. Ricordiamo poi che MATLAB è case sensitive, quindi distingue tra maiuscole e minuscole: `A` e `a` non rappresentano la stessa variabile. Per visualizzare la matrice assegnata a ciascuna variabile è necessario digitare semplicemente il nome della variabile.

Ricapitolando, in ogni caso, il nome di una variabile inizia con una lettera ed è seguito da una lettera, da numeri, o dal simbolo _ (underscore). In caso di violazione di queste regole, sarà restituito un messaggio d'errore del tipo seguente:

```
>> 1variabile = 10
```

```
1variabile = 10
 ↑
Error: Unexpected MATLAB expression.
```

Che ci ricorda di aver violato la regola in quanto abbiamo utilizzato un numero come primo carattere del nome della variabile.
Rappresenta una buona regola di programmazione attribuire dei nomi significativi alle variabili, nel senso che ricordino il contenuto della stessa. Anche se una variabile denominata con A risulta facile da digitare, ricordare ciò che A contiene non è così altrettanto facile. Un nome del tipo NumeroComplesso, già utilizzato in un esempio precedente, è molto più facile da ricordare perché associa il nome della variabile al suo contenuto. Più significativo sarà il nome, più facile sarà per noi determinare il tipo di risultato ottenuto da un calcolo su tale variabile.
Per creare una variabile, basterà digitare il nome della variabile, seguito da un segno = (uguale), e dal valore che si desidera assegnare a tale variabile. Ad esempio, per creare una variabile di nome MioNome e assegnare ad essa il valore Giuseppe, digiteremo la seguente istruzione seguita dal tasto invio:

```
>> MioNome = 'Giuseppe'

MioNome =

Giuseppe
```

Le virgolette indicano che Giuseppe è un valore, piuttosto che un'altra variabile con il nome Giuseppe.
Nell'assegnazione del nome di una variabile occorre evitare di utilizzare i nomi di variabili già esistenti nel workspace di MATLAB. Ad esempio è opportuno evitare l'uso di nomi quali pi, i, j, sin, cos, log, e ANS, questo perché MATLAB già utilizza tali nomi per funzioni e costanti rappresentative in ambito matematico. Se abbiamo dei dubbi sull'eventuale utilizzo di un particolare nome possiamo utilizzare la funzione exist('nome_variabile') e premere Invio. Vediamolo in un esempio:

```
>> exist('log')

ans =
```

```
     5
>> exist('abc')

ans =

    0
```

La funzione applicata alla variabile log ha restituito un valore pari a 5, ad indicare che la variabile già esiste, mentre applicata alla variabile abc ha restituito il valore 0, ad indicare che la variabile non esiste.

search Type	Description	Possible Return Values
builtin	Checks only for built-in functions	5 0
class	Checks only for classes	8 0
dir	Checks only for folders	7 0
file	Checks only for files or folders	2 3 4 6 7 0
var	Checks only for variables	1 0

Figura 2.1 – Valori restituiti dalla funzione exist().

Il valore restituito, in caso di esistenza, dipende dal tipo di oggetto al quale è stata applicata la funzione, mentre se l'oggetto con quel nome non esiste sarà restituito sempre il valore 0. Per un elenco esaustivo dei valori restituiti dalla funzione vedere la Figura 2.1.

Abbiamo detto che MATLAB consente di creare variazioni case-sensitive di variabili esistenti. Per esempio le variabili A ed a rappresentano due diverse entità:

```
>> A=10

A =
    10

>> a=1

a =
    1
```

Utilizzare variabili con lo stesso nome ma con diversa capitalizzazione, anche se è previsto da MATLAB, può causare problemi. È meglio semplicemente evitare qualsiasi termine già esistente, non importa se in MAIUSCOLO o in minuscolo.

Operatori ed operazioni elementari

L'ambiente MATLAB dispone di una vasta scelta di operatori che ci consentono di effettuare tutte le operazioni possibili: aritmetiche, relazionali e logiche.

Operazioni aritmetiche

Le operazioni aritmetiche elementari previste in ambiente MATLAB sono le seguenti:
- Addizione
- Sottrazione
- Moltiplicazione
- Divisione
- Elevamento a potenza
- Trasposizione

Tali operazioni sono effettuate in modo automatico semplicemente frapponendo il relativo operatore tra gli operandi. La riuscita dell'operazione così come il risultato dipende, invece, dal tipo di operando su cui l'operazione è eseguita.
Gli operandi relativi alle operazioni appena introdotte sono riportati nella tabella 2.1.

Tabella 2.1 – Operatori aritmetici

Operatore	Operazione
+	Addizione
-	Sottrazione
*	Moltiplicazione
/	Divisione destra
\	Divisione sinistra
^	Elevamento a potenza
'	Trasposta

Questi operatori si applicano sia a matrici sia a scalari; se le dimensioni delle matrici sono incompatibili con la corretta applicazione dell'operatore, è sollevato un messaggio di errore. Nel caso di addizione, sottrazione, divisione e moltiplicazione di una matrice e di uno scalare, l'operazione è effettuata su ogni elemento della matrice.

Applichiamo ora delle operazioni aritmetiche a delle semplici matrici:

```
>> A=[1 2;3 4]
A =
      1     2
      3     4

>> B=[4 3;2 1]
B =
      4     3
      2     1
```

Eseguiamo dapprima la somma delle due matrici:

```
>> ADDIZIONE=A+B
ADDIZIONE =
      5     5
      5     5
```

Quindi eseguiamo la sottrazione:

```
>> SOTTRAZIONE=B-A
SOTTRAZIONE =
      3     1
     -1    -3
```

In entrambi i casi MATLAB ha semplicemente sommato e sottratto i corrispondenti elementi delle due matrici A e B ed ha immagazzinato il risultato nella matrice C. Poiché, come visto, tali operazioni coinvolgono gli elementi corrispondenti delle due matrici è evidente che per poterle eseguire è necessario che le matrici abbiano le stesse dimensioni. Per verificare questo cerchiamo di sommare due matrici aventi dimensioni diverse:

```
>> A=[1 2;3 4]
A =
      1     2
      3     4

>> D=[1 2 3;4 5 6]
D =
      1     2     3
      4     5     6

>> A+D
```

```
Matrix dimensions must agree.
```

In questo caso è sollevato un messaggio di errore che ci ricorda appunto che le matrici devono avere le stesse dimensioni.

Dopo aver visto l'addizione e la sottrazione passiamo alla moltiplicazione: consideriamo allora due matrici A e B. Se A è una matrice mxn e B è una matrice nxp, tali matrici possono essere moltiplicate tra di loro per produrre una matrice, che chiameremo C di dimensione mxn. C'è da dire che la moltiplicazione di matrici è possibile solo se il numero di colonne n di A è uguale al numero di righe n di B.

Nella moltiplicazione tra matrici, gli elementi delle righe della prima matrice sono moltiplicati agli elementi delle colonne corrispondenti della seconda matrice, si tratta della classica moltiplicazione righe per colonne dell'algebra matriciale.

Ogni elemento nella posizione (i, j)esima nella matrice risultante C, è la somma dei prodotti degli elementi presenti nella riga i-esima della prima matrice con gli elementi corrispondenti nella colonna j-esima della seconda matrice, secondo quanto definito dalla formula seguente:

$$C(i, j) = \sum_{k=1}^{p} A(i, k) B(k, j)$$

La moltiplicazione tra matrici, in MATLAB, è eseguita utilizzando l'operatore *. Cerchiamo di comprendere la procedura attraverso l'analisi di un semplice esempio.

```
>> A=[1 2;3 4;5 6]
A =
     1     2
     3     4
     5     6

>> B=[10 20 30;40 50 60]
B =
    10    20    30
    40    50    60

>> C=A*B
C =
    90   120   150
   190   260   330
```

```
290    400    510
```

Com'è possibile verificare il primo elemento della prima riga della matrice c rappresenta il risultato della moltiplicazione della prima riga di A per la prima colonna di B, mentre il secondo elemento della prima riga della matrice c rappresenta il risultato della moltiplicazione della prima riga di A per la seconda colonna di B, e così via.

Se moltiplichiamo uno scalare per una matrice, lo scalare è moltiplicato ad ogni elemento della matrice ed il risultato è posto nella rispettiva posizione della matrice:

```
>> A=[1 2;3 4;5 6]
A =
      1     2
      3     4
      5     6
>> 10*A
ans =
     10    20
     30    40
     50    60
```

Per quanto riguarda la divisione, è possibile dividere due matrici utilizzando due operatori di divisione: divisione sinistra (\) e divisione destra (/). In entrambi i casi le matrici devono avere lo stesso numero di righe e colonne.

Nella divisione sinistra, che viene eseguita con l'utilizzo del simbolo \ , se A è una matrice quadrata, e b un vettore, l'operazione è effettuata usando l'algoritmo di eliminazione di Gauss e i fattori relativi all'operazione sono applicati per risolvere un sistema del tipo A * x = b.

Se A non è quadrata, l'operazione è effettuata usando l'algoritmo di ortogonalizzazione di Householder con pivoting di colonna e gli elementi sono utilizzati per risolvere il sotto-sistema o sovra–sistema determinato nel senso dei minimi quadrati.

La divisione destra, che è eseguita con l'utilizzo del simbolo / , è definita negli stessi termini della divisione sinistra solo che si applica alla trasposizione delle matrici:

```
x= b / A = (A '\ b')'
```

Riepilogando se A è una matrice quadrata invertibile e b è un vettore colonna compatibile, allora l'operazione:

```
x = A \ b  (divisione sinistra)
```

è la soluzione del sistema A * x = b, mentre l'operazione

```
x = b / A  (divisione destra)
```

è la soluzione del sistema x * a = b.
Per elevare a potenza una matrice utilizzeremo l'operatore ^ nel seguente modo:

```
>> A=[1 2;3 4]
A =
      1      2
      3      4

>> A^2
ans =
      7     10
     15     22
```

Se A è una matrice quadrata e p è un intero positivo, A^p moltiplica A per se stessa p-1 volte. Nel nostro caso essendo p=2 allora la matrice è moltiplicata per se stessa una sola volta.

Ricordiamo, a tal proposito, che la moltiplicazione è eseguita riga per colonna, così come abbiamo già visto in precedenza.
Se A è una matrice quadrata e non singolare, A^(-p) moltiplica l'inversa di A per se stessa p-1 volte. Verifichiamolo in un esempio:

```
>> A=[1 2;3 4]
A =
      1      2
      3      4

>> A^-2
ans =
     5.5000    -2.5000
    -3.7500     1.7500

>> inv(A)*inv(A)
ans =
```

```
    5.5000    -2.5000
   -3.7500     1.7500
```

Passiamo quindi ad applicare l'operatore di trasposizione ricordando che la trasposta di una matrice è la matrice ottenuta scambiandone le righe con le colonne.

```
A =
     1     2
     3     4
     5     6
>> A'
ans =
     1     3     5
     2     4     6
```

C'è da precisare che l'operatore `'`, in ambiente MATLAB, determina la matrice trasposta coniugata o matrice aggiunta, che in algebra lineare, applicata ad una matrice a valori complessi è definita come la matrice ottenuta effettuando la trasposta e scambiando ogni valore con il suo complesso coniugato.

Per una matrice a valori reali, come nell'esempio appena proposto, ci si limita solo a scambiare le righe con le colonne, ma nel caso di matrice a valori complessi si cambia anche il segno della parte immaginaria. Vediamolo in un semplice esempio:

```
>> A = [1-1i 2+2i;3+3i 4-4i]
A =
   1.0000 - 1.0000i   2.0000 + 2.0000i
   3.0000 + 3.0000i   4.0000 - 4.0000i
>> A'
ans =
   1.0000 + 1.0000i   3.0000 - 3.0000i
   2.0000 - 2.0000i   4.0000 + 4.0000i
```

I numeri complessi saranno trattati nei paragrafi successivi.

MATLAB prevede due diversi tipi di operazioni aritmetiche: le operazioni tra matrici (**matrix operations**), che abbiamo visto finora e le operazioni tra array (**array operations**). Mentre le operazioni tra matrici seguono le regole dettate dall'algebra lineare e non possono essere eseguite tra array multidimensionali, le operazioni tra array sono effettuate elemento per elemento e supportano sia gli array monodimensionali sia gli array multidimensionali. Per distinguere tra i due tipi di operazioni si utilizza l'operatore punto (.) che è aggiunto all'operatore aritmetico per eseguire operazioni elemento per elemento (array operations).

Riguardiamo allora tutte le operazioni viste finora anteponendo l'operatore . (punto), all'operatore identificativo della specifica operazione aritmetica che ci accingiamo ad effettuare. Iniziamo col dire che per sia l'addizione sia la sottrazione, già operano e-lemento per elemento (come abbiamo potuto verificare negli e-sempi già trattati), quindi nulla cambia e non è necessario applicare lo speciale operatore; per la moltiplicazione invece le cose cambiano decisamente, a tal proposito vediamo un esempio:

```
>> A=[1 2;3 4;5 6]
A =
     1     2
     3     4
     5     6

>> B=[10 20; 30 40; 50 60]
B =
    10    20
    30    40
    50    60

>> C=A.*B
C =
    10    40
    90   160
   250   360
```

Com'è possibile verificare l'operazione è stata effettuata moltiplicando ogni elemento della matrice A per il corrispondente elemento della matrice B.

Passiamo quindi all'operatore ^, che come abbiamo visto ci consente di effettuare l'elevamento a potenza. Abbiamo già applicato l'operatore ad una matrice quadrata, ma se proviamo ad effettuare operazione analoga con una matrice rettangolare otteniamo un messaggio di errore:

```
>> A=[1 2;3 4;5 6]
A =
     1     2
     3     4
     5     6

>> A^2
Error using  ^
Inputs must be a scalar and a square matrix.
To compute elementwise POWER, use POWER (.^) instead.
```

Il messaggio ci ricorda appunto che la variabile a cui tale operatore può essere applicato deve essere uno scalare oppure una matrice quadrata. La ragione sta nel fatto, che come abbiamo avuto modo di precisare in precedenza, la matrice è moltiplicata per se stessa tante volte quanto precisato nell'esponente.

Ricordiamo, a tal proposito, che la moltiplicazione è eseguita riga per colonna, e quindi per una matrice rettangolare tale operazione è possibile solo se il numero delle righe della prima matrice è pari al numero delle colonne della seconda matrice, cosa che non accade quando la matrice è moltiplicata per se stessa. Allora in tal caso l'unica operazione di elevamento a potenza possibile è quella eseguibile elemento per elemento. Vediamo, a tal proposito un esempio:

```
>> A=[1 2;3 4;5 6]
A =
     1     2
     3     4
     5     6

>> A.^2
ans =
     1     4
     9    16
    25    36
```

Passiamo quindi all'operatore di divisione, ricordiamo in particolare che è possibile eseguire la divisione destra con l'utilizzo dell'operatore ./ e la divisione sinistra con l'utilizzo dell'operatore .\, vediamo un esempio:

```
>> A=[1 2;3 4;5 6]
```

```
A =
     1     2
     3     4
     5     6
>> B=[2 2;2 2;2 2]
B =
     2     2
     2     2
     2     2
>> A./B
ans =
     0.5000     1.0000
     1.5000     2.0000
     2.5000     3.0000
>> A.\B
ans =
     2.0000     1.0000
     0.6667     0.5000
     0.4000     0.3333
```

È facile comprendere che l'operazione è stata eseguita elemento per elemento e nel primo caso ogni elemento di A è stato diviso per l'elemento corrispondente di B mentre per la divisione sinistra ogni elemento di B è stato diviso per l'elemento corrispondente di A.

Operazioni relazionali

Quando risulta necessario effettuare dei confronti tra relazioni, sorge l'esigenza di utilizzare gli operatori relazionali. Tali operazioni si rendono particolarmente utili nella programmazione, quando cioè per stabilire un percorso decisionale si renderà necessario eseguire dei confronti tra valori in modo da indirizzare il flusso delle informazioni in una direzione specifica. Gli operatori relazionali previsti in ambiente MATLAB sono riportati nella Tabella 2.2.

Tabella 2.2 – Operatori relazionali

Operatore	Operatore	Operazione
<	lt	Minore
>	gt	Maggiore
<=	le	Minore o uguale
>=	ge	Maggiore o uguale
==	eq	Uguale
~=	ne	Non uguale

Il risultato di un operazione relazionale è del tipo logico che assume quindi valore 0 o 1 a seconda che essa sia rispettivamente falsa o vera. Per esempio, applicando l'operatore < a due scalari:

```
>> 5<10
```

otterremo come risultato del confronto:

```
>> 5<10
ans =
logical
1
```

Cioè, la relazione scritta è vera, quindi il risultato logico che deriva dal confronto risulta essere 1; nel caso contrario, scrivendo:

```
>> 5>10
```

otteniamo come risposta:

```
ans =
logical
0
```

Se si applica un operatore relazionale a matrici delle stesse dimensioni il risultato è una matrice i cui elementi sono 1 oppure 0, a seconda del risultato dell'operazione di confronto effettuata sui rispettivi valori. Infatti, utilizzando le due matrici di dimensioni uguali A e B, già introdotte negli esempi precedenti, ed effettuando il confronto con l'operatore == otteniamo:

```
>> A=[1 2;3 4;5 6]
A =
     1     2
     3     4
     5     6

>> B=[2 2;2 2;2 2]
B =
     2     2
     2     2
     2     2

>> A==B
```

```
ans =
  3×2 logical array
   0  1
   0  0
   0  0
```

Risulta evidente che il confronto tra i rispettivi valori delle due matrici abbia fornito valore falso in tutti i casi, tranne che per il secondo elemento della prima fila che invece è uguale in entrambe le matrici.

Operazioni logiche

Gli operatori logici combinatori sono operatori con uno o due operandi logici che forniscono un risultato di tipo logico. Gli operatori logici, previsti da MATLAB sono riportati nella tabella 2.3.

Tabella 2.3 – Operatori logici

Operatore	Operazione	Operazione
&	AND	Congiunzione logica
|	OR	Disgiunzione logica inclusiva
~	NOT	Negazione logica
xor	XOR	Disgiunzione logica esclusiva

Se la relazione espressa dall'operatore è vera, l'operatore fornisce come risultato .TRUE. altrimenti .FALSE. Nella gerarchia delle precedenze vengono per ultimi.

Abbiamo detto che gli operatori logici si applicano ad operandi di tipo logico, allora vediamo di capire in base al valore assunto dagli operandi quale sia il risultato dell'espressione. Siano A e B due variabili di tipo logico, applichiamo ad esse gli operatori logici:

- ~A - il risultato è .true. se A è .false. altrimenti è .false.

- A & B - il risultato è .true. se A e B sono entrambi pari a .true. altrimenti è .false.

- A | B - il risultato è .true. se almeno uno tra i valori di A o B assume il valore .true. altrimenti è .false.

Procediamo ad eseguire degli esempi pratici per meglio comprendere il significato degli operatori logici. Utilizziamo a tal proposito due matrici A e B:

```
>> A=[1 2 0;0 3 4; 5 0 6]

A =
     1     2     0
     0     3     4
     5     0     6

>> B=[1 1 0; 1 1 1;1 1 1]

B =

     1     1     0
     1     1     1
     1     1     1
```

In esse sono presenti dei valori diversi da zero, procederemo con l'applicare gli operatori logici al fine di individuare tali valori. Inizialmente applicheremo la congiunzione logica alle due matrici appena introdotte con il risultato che risulterà pari a .true. nei posti in cui i rispettivi elementi di entrambe le matrici contengono valori diversi da zero.

```
>> A&B
ans =

  3×3 logical array
   1   1   0
   0   1   1
   1   0   1
```

Quindi applicheremo la disgiunzione logica inclusiva alle due matrici appena introdotte con il risultato che risulterà pari a .true. nei posti in cui, almeno uno dei rispettivi elementi delle matrici contiene valori diversi da zero.

```
>> A|B

ans =

  3×3 logical array

   1   1   0
   1   1   1
   1   1   1
```

Infine applicheremo la negazione logica con il risultato che risulterà pari a .true. nei posti in cui l'elemento è pari a zero, invertendo in questo caso lo scopo dell'operazione che era quella di individuare gli elementi diversi da zero.

```
>> ~A

ans =

  3×3 logical array

  0   0   1
  1   0   0
  0   1   0
```

Numeri complessi

L'algebra dei numeri complessi è trattata, in ambiente MATLAB, senza particolari accorgimenti, nel senso che le operazioni sono svolte esattamente nello stesso modo di quelle con numeri reali. La parte complessa di un numero è indicata aggiungendo la lettera i (o in alternativa la lettera j) al secondo elemento, esattamente come accade nella matematica tradizionale. Trattiamo allora degli esempi:

```
>> NumeroComplesso=5+7i

NumeroComplesso =

   5.0000 + 7.0000i
```

In questo modo abbiamo introdotto nel workspace di MATLAB il numero complesso che ha per parte reale il numero 5 e per parte immaginaria il numero 7. Si può inserire il segno * tra la parte complessa e l'unità immaginaria, ma tale notazione risulta facoltativa.

In modo analogo è possibile introdurre una matrice complessa:

```
>> MatriceComplessa = [1 2 ; 3 4] + i*[5 6 ; 7 8]

MatriceComplessa =
   1.0000 + 5.0000i   2.0000 + 6.0000i
   3.0000 + 7.0000i   4.0000 + 8.0000i
```

La stessa operazione può essere eseguita nel seguente modo:

```
>> MatriceComplessa = [1+5i, 2+6i ; 3+7i, 4+8i]

MatriceComplessa =

   1.0000 + 5.0000i   2.0000 + 6.0000i
   3.0000 + 7.0000i   4.0000 + 8.0000i
```

Infine utilizziamo la funzione `complex()`:

```
>> MatriceComplessa = complex([1 2 ; 3 4], [5 6 ; 7 8])

MatriceComplessa =

   1.0000 + 5.0000i   2.0000 + 6.0000i
   3.0000 + 7.0000i   4.0000 + 8.0000i
```

La stessa notazione è proposta da MATLAB quando restituisce dei valori complessi come risultato di un'operazione. Vediamo come:

```
>> MatriceComplessa = [1, 2; 3, 4]^0.5

MatriceComplessa =

   0.5537 + 0.4644i   0.8070 - 0.2124i
   1.2104 - 0.3186i   1.7641 + 0.1458i
```

Per la manipolazione dei numeri complessi MATLAB dispone di una serie di funzioni built-in che ci aiutano nelle operazioni più comuni. La tabella 2.4 riporta una lista delle operazioni più comunemente applicate ai numeri complessi.

Tabella 2.4 – Funzioni per la gestione dei numeri complessi

Funzione	Descrizione
abs	Fornisce il modulo del numero complesso
angle	angolo di fase
complex	crea un array complesso
conj	calcola il complesso coniugato
cplxpair	ordina i numeri complessi in coppie complesse coniugate
i	unità immaginaria
j	unità immaginaria
real	parte reale del numero complesso

imag	parte immaginaria del numero complesso
isreal	determina se l'array è costituito da numeri reali
sign	funzione segno

Applichiamo allora alcune delle funzioni contenute nella Tabella 2.4 al numero complesso introdotto in precedenza per comprenderne il significato.

```
>> abs(NumeroComplesso)
ans =
    8.6023
```

La funzione **abs()** restituisce il modulo del numero complesso. Ricordiamo a tal proposito che il modulo di un numero complesso è rappresenta la lunghezza di un vettore che parte dall'origine ed arriva al valore complesso tracciato nel piano complesso.
Per un valore complesso, **a + bi** è definito come:

$$\sqrt{a^2 + b^2}$$

```
>> angle(NumeroComplesso)

ans =

    0.9505
```

La funzione **angle()** restituisce l'angolo di fase (argomento), in radianti, del numero complesso. Ricordiamo a tal proposito che l'argomento di un numero complesso rappresenta l'angolo che il vettore che parte dall'origine ed arriva al valore complesso tracciato nel piano complesso forma con il semiasse della parte reale positiva di tale piano.
La funzione **conj()** calcola il complesso coniugato di un numero complesso:

```
>> NumeroComplesso=5+7i
NumeroComplesso =

    5.0000 + 7.0000i
```

```
>> conj(NumeroComplesso)

ans =

   5.0000 - 7.0000i
```

Le funzioni `real()` e `imag()` estraggono la parte reale e la parte immaginaria del numero complesso:

```
>> real(NumeroComplesso)

ans =

     5

>> imag(NumeroComplesso)
ans =

     7
```

Rappresentazione dei numeri

MATLAB rappresenta i numeri in notazione decimale, quindi con un punto decimale, per poi indicare le quantità positive senza la presenza del segno e utilizzare il segno meno per denotare numeri negativi. La notazione scientifica utilizza la lettera e per specificare la potenza decimale. I numeri immaginari utilizzano le lettere i o j, come suffisso per denotare la parte immaginaria del numero.

La funzione `format()` controlla il formato numerico dei valori visualizzati. La funzione regola solo la modalità di visualizzazione dei numeri, non come MATLAB calcola o salva tali valori. Vediamo allora come sia possibile impostare i diversi formati di visualizzazione del contenuto di una stessa variabile.

```
>> var =10/3

var =
    3.3333

>> format short
>> var
var =
```

```
        3.3333

>> format short e
>> var

var =

    3.3333e+00

>> format short g
>> var

var =

            3.3333

>> format long
>> var

var =

    3.333333333333334

>> format long e
>> var

var =

    3.333333333333334e+00

>> format bank
>> var

var =

            3.33

>> format rat
>> var

var =

    10/3
```

Se l'elemento più grande di una matrice è maggiore di 10^3 o minori di 10^-3, MATLAB applica un fattore comune di scala per i formati corti e lunghi. Oltre ai tipi di formato sopra riportati MATLAB prevede un formato compatto che sopprime molte delle righe vuote che appaiono nell'output. Tale formato è attivale tramite la seguente istruzione:

```
>> format compact
```

Questo tipo di formato consente di visualizzare più informazioni su uno schermo o su una finestra di terminale. Se si desidera un maggiore controllo sul formato di output, è possibile utilizzare le funzioni fprintf() e sprintf().

La funzione fprintf() ci consente di scrivere delle informazioni sullo schermo, in modo che l'utente le possa agevolmente visualizzare. Tale comando si dimostra estremamente utile quando si necessita di stabilire un'interazione tra l'utente ed il workspace di MATLAB. La f che precede la stringa printf sta per formattato, nel senso che ciò che inviamo allo schermo è organizzato in un formato specifico in modo tale da renderlo facile da leggere. L'invio dell'informazione formattata allo schermo rappresenta la scelta di default ma se si rende necessario è possibile scrivere tali dati anche in un file esterno.

La funzione sprintf() scrive in una stringa di testo con nome specificato dall'utente, le variabili indicate, con il formato definito. Quindi rispetto alla funzione fprintf(), tale funzione non implica di per sé di inviare la stringa ad un dispositivo di output (sia esso lo schermo o un file). Così la funzione sprintf() restituisce sempre un valore, che è la stringa formattata, memorizzandola in una variabile per un uso successivo.

Stringhe di caratteri

In informatica una stringa è rappresentata da una sequenza di caratteri, composta di byte poiché MATLAB tratta le stringhe con codifica ASCII e costituisce un potente e avanzato strumento per la gestione del testo. Finora abbiamo imparato a introdurre e manipolare dei numeri sottoforma di matrici, e abbiamo potuto constatare quanto MATLAB sia allo stesso tempo flessibile e potente nella gestione delle operazioni matematiche. Vediamo ora come si comporta il programma quando i dati da trattare non sono numeri ma bensì delle parole.

Le stringhe di caratteri sono rappresentate in MATLAB, attraverso delle sequenze di caratteri racchiuse tra singoli apici ('). Le stringhe quindi possono contenere lettere dell'alfabeto, segni di punteggiatura, simboli e spazi.

Quindi MATLAB ci consente di introdurre del testo in due modi:
1) array di caratteri
2) array di stringhe

Un array di caratteri è una sequenza di caratteri, così come un array numerico è una sequenza di numeri. Un utilizzo tipico è quello di memorizzare brevi pezzi di testo sottoforma di vettori di caratteri, come ad esempio la classica stringa che rappresenta il diffusissimo saluto dei programmatori:

```
>> saluto = 'Hello World'

saluto =

Hello World

>> whos saluto

Name        Size            Bytes  Class     Attributes

saluto      1x11               22  char
```

Com'è possibile verificare nell'esempio appena proposto il tipo di classe o di dati attribuito a tali oggetti è char, che è l'abbreviazione appunto di carattere.

Un array di stringhe è un contenitore di parti di testo. Gli array di stringhe forniscono un insieme di funzioni per lavorare con i dati di tipo testo. Per convertire il testo in array di stringhe, utilizzare la funzione string().

Sia gli array di caratteri che gli array di stringhe rappresentano le soluzioni offerte dal workspace di MATLAB per l'archiviazione di dati di tipo testo.

Come sempre analizziamo dei semplici esempi per comprendere più efficacemente tali concetti: supponiamo di voler introdurre, all'interno del workspace di MATLAB, un nome. Allora scriveremo:

```
>> nome = 'Giuseppe'

nome =

Giuseppe
```

Si noti come la parola introdotta sia stata racchiusa tra apici; il risultato è la creazione di un array di caratteri di dimensione 1x8. Vediamo ora come sia possibile concatenare le diverse parole per creare una frase. Supponiamo di voler aggiungere alla variabile **nome**, già precedentemente creata, il cognome dell'autore. Procederemo allora nel modo seguente:

```
>> nome_cognome = [nome, ' Ciaburro']

nome_cognome =

Giuseppe Ciaburro
```

Utilizzando la notazione precedente otterremo una concatenazione orizzontale, mentre ponendo dopo il nome della variabile, al posto della virgola, un punto e virgola, otterremo una concatenazione verticale:

```
>> nome_cognome = [nome; 'Ciaburro' ]

nome_cognome =

Giuseppe

Ciaburro
```

Lo stesso risultato si poteva ottenere anche nel seguente modo:

```
>> nome_cognome = ['Giuseppe'
                   'Ciaburro' ]
nome_cognome =
Giuseppe

Ciaburro
```

Nella rappresentazione verticale è opportuno precisare che ogni riga deve contenere lo stesso numero di colonne, quindi lo stesso numero di caratteri. Per ovviare a questo inconveniente, e per poter manipolare delle stringhe di testo possiamo creare, per esempio, un array di caratteri con la funzione char():

```
>> vettore = char('primo','secondo','terzo','quarto','quinto','sesto')
vettore =

primo

secondo

terzo

quarto

quinto

sesto
```

La funzione char() converte un array numerico in un array di caratteri relativi alla rappresentazione dei numeri attraverso il codice ASCII. Tale funzione accetta qualsiasi numero di linee e pone degli spazi bianchi in corrispondenza di ogni riga, in modo tale che ciascuna di esse abbia la stessa lunghezza.

Per includere un singolo apice all'interno di una stringa, utilizzare un doppio apice, come nell'esempio seguente:

```
>> stringa = 'l''apostrofo'

stringa =

l'apostrofo
```

Per la visualizzazione di stringhe di testo sullo schermo utilizzeremo la funzione disp(). Per esempio, attraverso la seguente istruzione:

```
>> disp('Visualizza questa informazione sul monitor')
Visualizza questa informazione sul monitor
```

otterremo a video la scritta presente tra le parentesi (se la stringa tra parentesi contiene un apice, allora l'apice stesso dovrà essere raddoppiato, come del resto già anticipato in precedenza).

Per confrontare due stringhe di testo possiamo utilizzare le funzioni strcmp() e strcmpi(). Tali funzioni non fanno altro che verificare se le due strignhe siano uguali. Vediamole in azione in due semplici casi:

```
>> stringa1= 'ESEMPIO'

stringa1 =

ESEMPIO

>> stringa2= 'esempio'

stringa2 =

esempio

>> strcmp(stringa1,stringa2)

ans =

  logical

   0

>> strcmpi(stringa1,stringa2)

ans =

  logical

   1
```

Nel primo caso il risultato è falso in quanto anche se le due parole sono uguali la prima è scritta in maiuscolo mentre la seconda è scritta in minuscolo. Nel secondo caso il risultato è vero in quanto la funzione strcmpi() non tiene conto delle differenze tra maiuscolo e minuscolo e confronta solo i singoli caratteri presenti nelle stringhe.
Per convertire un numero visualizzato sottoforma di una stringa in un numero, possiamo utilizzare la funzione str2double().
La seguente istruzione:

```
>> str2double(stringa)
```

converte il testo contenuto nella variabile stringa in un numero in doppia di precisione. La variabile `stringa` contiene il testo che rappresenta valori numerici reali o complessi. Tale variabile può essere un vettore di carattere, un array di celle di vettori di caratteri, o una matrice di stringhe. Se `stringa` è un vettore di caratteri o una stringa scalare, allora il risultato è uno scalare numerico. Se `stringa` è una matrice di celle di vettori di caratteri o una matrice di stringhe, allora il risultato è un array numerico delle stesse dimensione di `stringa`.

Il testo che rappresenta il numero può contenere cifre, una virgola (separatore di migliaia), il punto decimale, il segno `+` o `-`, una `e` che precede una potenza di `10` e una `i` o `j` quale unità complessa.

Non è possibile utilizzare un punto come separatore delle migliaia, o una virgola come separatore decimale. Se la funzione `str2double()` non è in grado di convertire il testo in un numero, allora restituisce il valore `NaN`. Vediamo un esempio.

```
>> numstr='3.14'

numstr =

3.14
>> numnum=str2double(numstr)

numnum =

    3.1400
>> numnum*2

ans =

    6.2800
```

Nell'esempio appena visto abbiamo memorizzato nella variabile `numstr` il valore della costante `pigreco` (arrotondata alla seconda cifra decimale) sottoforma di stringa, abbiamo poi applicato la funzione `str2double()` per convertire tale stringa in un numero in doppia di precisione. Infine abbiamo moltiplicato per due tale valore per verificare che effettivamente si trattava di un numero.

Per verificare che le due variabili contengano dati di tipo diverso possiamo applicare la funzione `class()`, che ci restituisce la classe di appartenenza della variabile:

```
>> class(numstr)

ans =

char
>> class(numnum)

ans =
double
```

Altre due interessanti funzioni per la gestione di stringhe sono le funzioni `lower()` e `upper()`. La funzione `lower()` applicata ad una stringa ne converte i caratteri in minuscolo:

```
>> stringa1='ESEMPIO'

stringa1 =

ESEMPIO

>> stringa2=lower(stringa1)

stringa2 =

esempio
```

La funzione `upper()`, di contro, applicata ad una stringa ne converte i caratteri in maiuscolo:

```
>> stringa2

stringa2 =
esempio

>> stringa3=upper(stringa2)
stringa3 =

ESEMPIO
```

La funzione `findstr()` ci consente di individuare la presenza di una stringa all'interno di un'altra. Vediamo un esempio:

```
>> stringa4='Nel mezzo del cammin di nostra vita'
```

```
stringa4 =

Nel mezzo del cammin di nostra vita

>> var=findstr(stringa4,'cammin')

var =

    15
```

Com'è possibile verificare la funzione findstr() ci ha restituito l'indice della prima occorrenza della stringa 'cammin' all'interno della stringa di dimensione maggiore contenuta nella variabile stringa4.

La funzione ischar() ci restituisce 1 se l'argomento è un array di caratteri altrimenti 0. Vediamo un esempio:

```
>> ischar('3.14')

ans =

  logical

    1

>> ischar(3.14)

ans =

  logical

    0
```

La funzione replace() trova e sostituisce delle stringhe all'interno di array di stringhe. La sintassi della funzione è la seguente:

```
nuovaStringa = replace(stringa,old,new)
```

sostituisce tutte le occorrenze della stringa old con la stringa new. Se old contiene più stringhe, allora new deve avere la stessa dimensione di old, oppure deve essere una singola stringa. Vediamo un esempio:

```
>> stringa4='Nel mezzo del cammin di nostra vita'

stringa4 =

Nel mezzo del cammin di nostra vita

>> stringa5=replace(stringa4,' ','')

stringa5 =

Nelmezzodelcammindinostravita
```

In questo modo abbiamo eliminato tutti gli spazi presenti nella stringa di caratteri.

Capitolo terzo
Script e funzioni

Nei capitoli precedenti abbiamo potuto testare le eccellenti capacità del `workspace` di MATLAB che si è dimostrato un ambiente computazionale interattivo di notevole semplicità d'uso; ma in realtà MATLAB è molto di più rappresentando un potente linguaggio di programmazione, con il quale possiamo quindi realizzare dei veri e propri programmi.

La maggior parte degli esempi che abbiamo finora digitato sono relativamente brevi. Per risolvere problemi più complessi, è necessario creare un sequenza di istruzioni memorizzate in un file in modo che si possano facilmente modificare e riusare. I file che contengono codice MATLAB sono chiamati `M-file` e devono avere estensione `.m`. Dopo aver creato un `M-file` utilizzando un qualsiasi editor di testo, tale file può essere usato come un comando o una funzione MATLAB.

A tale proposito possiamo dire che esistono due generi di `M-file`:
1) **script**, che non accettano argomenti d'entrata o argomenti di uscita (operano sui dati presenti nel `workspace`);
2) **funzioni**, che possono accettare argomenti d'entrata e argomenti di uscita (in questo caso le variabili interne sono locali alla funzione).

Per chi è alle prime armi con MATLAB, conviene creare degli `M-file` di prova e posizionarli nella directory corrente (la directory work). In seguito gli `M-file` potranno essere organizzati in altre directory e toolbox personali, che si potranno aggiungere al percorso di ricerca di MATLAB.
Se per errore si creano due funzioni aventi lo stesso nome, MATLAB esegue quella che viene prima nel percorso di ricerca. Per vedere i contenuti di un `M-file`, chiamato per esempio `funzione.m`,

si deve digitare al prompt di MATLAB:

```
>> type funzione
```

Script

Uno script MATLAB è costituito da una sequenza di istruzioni che normalmente siamo abituati a digitare direttamente al prompt, ma che per economia di tempo ci conviene raggruppare in un unico file, di modo da poterle eseguire in sequenza con un solo comando. Digitando poi il nome del file (senza estensione) nella finestra di comando, faremo in modo che tutte le istruzioni ivi contenute siano eseguite in sequenza.

Le variabili contenute in un file di script fanno riferimento a variabili presenti nello spazio di lavoro principale, in questo modo cambiando lo spazio di lavoro cambiamo anche l'ambito di validità di tali variabili. Quando si richiama uno script, MATLAB esegue semplicemente i comandi presenti nel file. Gli script possono operare su dati esistenti nel workspace o possono creare loro stessi dei dati nuovi su cui operare.

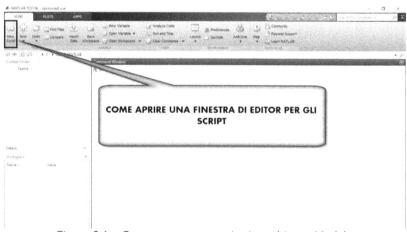

Figura 3.1 – Come creare uno script in ambiente Matlab.

Sebbene gli script non forniscano dati di output, qualsiasi variabile da essi creata rimane nel workspace, per essere usata in eventuali calcoli successivi.

Per creare un nuovo script possiamo operare in diversi modi: possiamo cliccare sull'icona New Script presente nella barra delle applicazione della scheda HOME del menu di MATLAB (Figura 3.1); si aprirà in questo modo la finestra dell'editor, come mostrato nella Figura 3.2. Questa finestra fornisce i mezzi per interagire con gli script in vari modi ed è quella che si usa più spesso per la creazione di nuovi script.

Figura 3.2 – Editor per script in ambiente Matlab.

Com'è possibile verificare nella Figura 3.2, la finestra dell'editor che è attivata non contiene alcuna istruzione, e la scheda ha come nome Untitled in quanto non abbiamo ancora provveduto ad attribuire un nome allo script che stiamo creando. Tale procedura sarà attivata utilizzando l'icona save presente nella scheda EDITOR del menu di MATLAB.

C'è da precisare che la stessa finestra poteva essere attivata dal prompt di matlab attraverso il comando edit:

```
>> edit
```

aggiungendo in coda a tale comando il nome del file che intendiamo creare provvederemo anche a nominare il file .m.

```
>> edit MioPrimoFile
```

Ritornando alla finestra dell'editor proviamo a digitare in essa dei comandi MATLAB validi. Supponiamo di voler semplicemente introdurre una stringa di testo contenente un nome.

```
'Giuseppe Ciaburro'
```

Il testo appena digitato, nella finestra dell'editor, appare evidenziato con una striscia arancione, e sottolineato con una linea ondulata rossa. Quando si passa il mouse su tale linea, è mostrato a video il messaggio riportato in Figura 3.3 che ci ricorda che per sopprimere la stampa video della stringa di testo è necessario terminare la riga con il punto e virgola.

Figura 3.3 – Messaggio d'errore dell'editor di Matlab.

Nel nostro caso, si ignora l'errore perché s'intende vedere l'output. Tuttavia, se si vuole risolvere il problema (MATLAB ci suggerisce una possibile soluzione), si potrebbe digitare un punto e virgola o fare clic su Fix per risolvere il problema. MATLAB ci avvertirà sempre di un eventuale errore di digitazione, ma a volte può risultare eccessivo come in questo caso.

A questo punto per eseguire il semplice script basterà cliccare sull'icona Run presente nella scheda EDITOR del menu di MATLAB (Figura 3.4).

MATLAB richiede sempre il salvataggio di uno script prima della

sua esecuzione, questo per evitare che lo script sia perso o dan-
neggiato in qualche modo. Per salvare il file utilizzeremo l'icona
Save presente nella scheda **EDITOR** del menu di MATLAB (Figura
3.4).

Figura 3.4 – Come salvare ed eseguire uno script.

Da questo momento in poi per eseguire lo script basterà digitare
al prompt di MATLAB il nome del file, dopo essersi assicurati di
aver reso corrente la directory in cui è contenuto il file, oppure
aver aggiunto tale directory al path di MATLAB.

Per verificare la correttezza della procedura utilizzeremo un e-
sempio leggermente più complesso: valuteremo due funzioni trigonometriche (seno e coseno) in determinati punti e ne effettue-
remo la somma, quindi tracceremo il grafico relativo. Ricapitolando eseguiremo le seguenti operazioni:

1) calcolo dei valori della funzione seno in un intervallo;
2) calcolo dei valori della funzione coseno in un intervallo;
3) somma dei valori ottenuti;
4) tracciamento del grafico del risultato.

Per fare questo apriamo la finestra dell'editor digitando al
prompt di MATLAB il seguente comando:

```
>> edit SenoCoseno
```

Digitiamo allora le seguenti istruzioni:

```
% Determinazione dell'andamento
% di funzioni trigonometriche
x = pi/2 : pi/16 : 2*pi;
a = sin(x);
b = cos(x);
c = a + b;
bar(c)
```

Ottenendo in questo modo il grafico mostrato nella Figura 3.5.

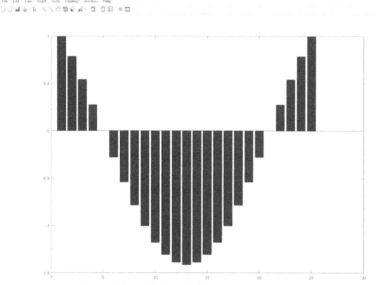

Figura 3.5 – Grafico di funzioni trigonometriche.

Abbiamo finora visto come sia possibile realizzare uno script in ambiente MATLAB, ma in realtà la costruzione di uno script, che come abbiamo già anticipato non rappresenta altro che una sequenza di comandi, avviene dopo aver verificato che un particolare comando risulta indicato per quella determinata operazione. Tale operazione è effettuata provando il comando al prompt, quindi una volta verificata la correttezza dell'operazione potremo aggiungere la sequenza al nostro script attraverso le comuni operazioni taglia e incolla che siamo abituati ad eseguire in un semplice editor di testo. Quando si lavora nella finestra di comando è sufficiente evidenziare il testo che si desidera spostare in uno script, quindi cliccare con il tasto destro del mouse e scegliere la voce Copia o Taglia dal menu contestuale. In alternativa, più piattaforme supportano i tasti di scelta rapida per tagliare e incollare del testo, quali ad esempio Ctrl + C per copiare e Ctrl + X per tagliare del testo. Tali operazioni pongono una copia del materiale negli Appunti, basterà allora selezionare la finestra dell'Editor, fare clic destro nella posizione in cui si desidera inserire i comandi, e scegliere la voce incolla dal menu contestuale.

Il materiale è incollato nel punto in cui il puntatore del mouse è posizionato, quindi assicuratevi di avere il cursore del mouse al posto giusto prima di fare clic destro. In alternativa, per la maggior parte delle piattaforme è possibile utilizzare il tasto di scelta rapida Ctrl + V. In questo caso, si posiziona il puntatore di inserimento (la tipica barra di testo) in cui si desidera inserire il comando e si utilizza la combinazione di tasti Ctrl + V.

Ricordiamo poi che la finestra Command History (cronologia dei comandi), memorizza tutti i comandi che abbiamo digitato al prompt nelle sessioni di lavori precedenti. Tale finestra quindi ci rende più facile la selezione e la scelta di comandi che si desidera inserire in uno script. Per rendere visibile la finestra Command History basterà cliccare sull'icona Layout per attivare un menu a discesa nel quale troveremo la voce Command History (Figura 3.6).

Figura 3.6 – Finestra Command History (Cronologia dei comandi).

Per selezionare una lista di comandi dalla finestra Command History potremo procedere in questo modo:
- fare clic su una singola linea da utilizzare;
- utilizzare la combinazione di tasti Ctrl + clic per aggiungere altre linee alla precedente selezione;
- utilizzare la combinazione di tasti Shift + clic per aggiungere tutte le righe presenti tra la riga corrente e la linea che abbiamo cliccato in precedenza.

Le linee di codice così selezionate potranno essere tagliate o copiate negli Appunti per poi incollarle nella finestra dell'Editor di MATLAB. Naturalmente le righe di codice da inserire in uno script possono essere recuperate da altre fonti che non siano la linea di comando di MATLAB. Ad esempio, quando si chiede aiuto a MATLAB, l'help a volte include codice di esempio che è possibile copiare e incollare nello script. È inoltre possibile trovare fonti online di script che è possibile copiare e incollare.

Figura 3.7 – Creazione di uno script da una selezione di comandi presenti nella Command History.

Abbiamo visto come selezionare una serie di comandi dalla finestra Command History per poi copiarli ed incollarli in uno script, ma più semplicemente si può realizzare lo stesso script attraverso questi semplici passaggi. Dopo aver selezionato i comandi che si desidera utilizzare, basta fare clic destro sui comandi selezionati e scegliere Create Script dal menu contestuale che appare. MATLAB apre una nuova finestra di editor con i comandi selezionati (nell'ordine in cui appaiono nella finestra `Command History`), inoltre salva il risultato su disco ed esegue lo script per verificarne il funzionamento.

Commenti

I commenti, nei linguaggi di programmazione, fanno parte integrante del codice sorgente con il solo scopo di descriverne le caratteristiche funzionali, ovvero di spiegare il funzionamento delle successive linee di codice. Si deduce quindi che i commenti non rappresentano istruzioni codificate nel linguaggio di programmazione adottato, ne costituiscono parte dell'algoritmo risolutivo del problema.

Ne consegue che durante il processo di compilazione, processo questo che porta alla creazione del programma eseguibile, tali istruzioni siano ignorate dal compilatore e di conseguenza non contribuiscano alle dimensioni del prodotto. Nonostante tutto, i commenti assumono notevole importanza in termini di leggibilità del codice, soprattutto se il programma è sviluppato da persone diverse e in tempi diversi, favorendone così la manutenzione.

Figura 3.8 – Commenti in uno script Matlab.

I commenti spesso sono utilizzati in fase di debugging del codice per inibire l'esecuzione di alcune porzioni di esso, al fine di individuare degli errori nascosti.

A tal proposito, in ambiente MATLAB, sarà possibile inserire delle righe di commento, semplicemente facendole precedere dal simbolo % (percent sign); in tal modo tali righe non saranno considerate, ma serviranno esclusivamente a spiegare lo scopo dell'istruzione.

Esempi dell'utilizzo di tale procedura sono riportati di seguito:

```
% Questo è un commento
nome = 'Luigi'; % Questo è un commento
```

Nell'esempio precedente abbiamo imparato che un commento può essere inserito anche nella stessa riga contenente del codice.

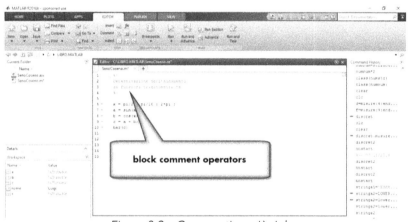

Figura 3.9 – Commenti su più righe.

Vediamo ora come procedere nel caso si volessero inserire dei commenti su più righe; in tal caso si potrà utilizzare il simbolo %{ (block comment operator), per indicare l'inizio del blocco da commentare seguito dalle righe di commento ed a chiudere dal simbolo %}. Vediamolo in un esempio:

```
%{
Primo commento
Secondo commento
Terzo commento
%}
```

Il testo racchiuso all'interno dei simboli %{ e %} rappresenta quindi un blocco di commento. Utilizzare questi simboli per inserire i commenti che occupano più di una sola riga nello script di codice. Qualsiasi testo tra questi due simboli è ignorato da MATLAB. Con l'eccezione degli spazi, i simboli %{ e %} devono comparire solo sulle linee che precedono immediatamente e seguono il blocco di testo di commento (non bisogna includere qualsiasi altro testo su queste linee).

Ricapitolando, infine, tutto quello che compare dopo il simbolo % e fino alla fine della riga è trascurato nell'esecuzione del programma. Il commento, allora, è esclusivamente utilizzato dal programmatore per rendere più leggibile il codice e quindi migliorare la sua usabilità.

Funzioni definite dall'utente

Le funzioni, che rappresentano un'altra espressione degli M-file previsti da MATLAB, come abbiamo già avuto modo di dire in precedenza, si distinguono dagli script, appena trattati, in quanto possono accettare argomenti d'entrata e forniscono argomenti di uscita.

Com'è noto, un particolare algoritmo di calcolo può essere realizzato attraverso la stesura di un programma principale e una serie di funzioni a esso collegate; questo modo di operare permette al programmatore, in fase di progettazione del software, di separare in modo organico le parti di codice e le operazioni relative al fine di una più efficace realizzazione.

Attraverso l'utilizzo di una funzione sarà allora possibile realizzare un'unità di programma che raggruppa un insieme d'istruzioni tra di loro connesse per risolvere un problema specifico. Questo problema è descritto dettagliatamente attraverso il suo algoritmo di risoluzione nella definizione di una funzione.

I sottoprogrammi del tipo funzione hanno un tipo esplicito, prendono in ingresso un insieme di valori detti parametri e sono indirizzate a restituire uno o più valori come risultato dell'elaborazione.

Nella definizione di una nuova funzione occorre prestare la dovuta attenzione nell'indicazione del nome dell'`M-file` che conterrà la stessa, in quanto, pena il non funzionamento, `M-file` e funzione dovranno essere etichettati con lo stesso nome. Altra caratteristica fondamentale nell'utilizzo di tale feature, spetta alle variabili in essa utilizzate, infatti le funzioni operano su variabili definite nel proprio `workspace`, diverso dal `workspace` a cui si accede all'avvio di MATLAB; in altre parole, le variabili usate all'interno della funzione assumono carattere locale.

La sintassi per la costruzione di una funzione è la seguente:

```
function [lista di uscita] = nome (lista di ingresso)
```

In essa, all'interno delle parentesi tonde va inserita la lista dei parametri d'ingresso (separati tra loro dalla virgola), e all'interno delle parentesi quadre va inserita la lista dei parametri d'uscita (anche'essi separati tra loro dalla virgola).

Analizziamo, a tal proposito, una serie di esempi a partire dalla definizione di una semplice funzione con parametri d'ingresso e parametri d'uscita. Si voglia costruire una funzione che, dati i lati a e b di un rettangolo, fornisca l'area A, il perimetro p e la diagonale d. Indichiamo con (a, b) la lista dei parametri d'ingresso (inseriti all'interno di parentesi tonde così come previsto dalla sintassi di MATLAB) e con [A, p, d] la lista dei parametri d'uscita (inseriti all'interno di parentesi quadre; si noti la virgola fra i parametri).

Vediamo nel dettaglio il codice:

```
function [ A , p , d ] =rettangolo ( a , b )
%Funzione che dati i lati a e b di un rettangolo
%fornisce area A, perimetro p e diagonale d

A = a * b;
p = 2 * ( a + b );
d =sqrt ( a^2 + b^2 );
```

Si noti che non si genera confusione tra la variabile A (riferita all'area del rettangolo) e la variabile a (riferita ad un lato del rettangolo), in quanto, MATLAB distingue le lettere maiuscole dalle minuscole (case sensitive). Questa funzione, salvata con il nome **rettangolo.m**, può essere richiamata da un altro modulo o direttamente dalla finestra comandi.

Calcoliamo allora l'area, il perimetro e la diagonale di un rettangolo di base **4** e altezza **3**, per fare questo digiteremo la seguente istruzione:

```
>> [area, perim, diag] =rettangolo(4, 3)

area =
    12


perim =
    14


diag =
     5
```

La funzione restituisce le tre variabili **area, perim** e **diag** contenenti i valori richiesti (Figura 3.10).

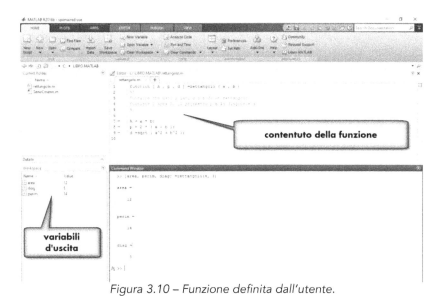

Figura 3.10 – Funzione definita dall'utente.

Analizziamo allora la funzione **rettangolo** che abbiamo appena creato. La prima linea inizia con la parola chiave (keyword) **fun-**

`ction`, la quale dà il nome alla funzione e ordina gli argomenti. In questo caso, sono previsti due argomenti di input e tre di output. Le righe seguenti, che iniziano con il simbolo %, rappresentano dei commenti, quindi sono interpretate come linea di `help` e mostrate a video sulla linea di comando quando lo si richiede; non sono considerate nell'applicazione. Tali linee si stampano quando si digita:

```
>> help rettangolo
Funzione che dati i lati a e b di un rettangolo
fornisce area A, perimetro p e diagonale d
```

La prima linea del testo di aiuto è la `H1 line`, che MATLAB espone quando si chiede aiuto digitando `help on` nella directory che contiene la funzione.
Il resto del file rappresenta codice eseguibile MATLAB e definisce la funzione. Le variabili presenti nel corpo della funzione, così come le variabili sulla prima fila, sono del tutto locali alla funzione; sono indipendenti e separate da qualsiasi variabile presente nel `workspace` di MATLAB.

Questo esempio illustra un aspetto importante delle funzioni di MATLAB, che ordinariamente non si trova negli altri linguaggi di programmazione: un numero variabile di argomenti. La funzione `rettangolo` può essere usata in molti modi diversi. Se nessun argomento di output è fornito, il risultato è immagazzinato nella variabile di lavoro `ans`. Se il secondo argomento di input non è fornito, la funzione utilizza un valore di default.

All'interno della funzione, di default, sono disponibili due quantità, chiamate rispettivamente `nargin` e `nargout`, le quali ci permettono di recuperare il numero di argomenti di input e di output coinvolti in ciascun utilizzo della funzione. Ad esempio inserendo nella nostra funzione le seguenti righe di codice:

```
num.input=nargin;
num.output=nargout;
num
```

otterremo come risultato:

```
num =

  struct with fields:

    input: 2
    output: 3
```

che ci ricorda appunto che la nostra funzione prevede 2 variabili di input e 3 variabili di output.

Infine, è importante ricordare che è possibile scrivere più funzioni nello stesso M-file; in questo caso, però, solo la prima funzione può essere chiamata dall'esterno, mentre tutte le altre sono accessibili solo dalla funzione principale (funzioni locali).

Dopo aver trattato in modo esauriente sia gli script che le funzioni possiamo azzardare un confronto tra i due tipi di M-file previsti da MATLAB. Uno **script** può essere visto come un metodo di archiviazione di un procedimento, in altre parole, si tratta di un listato che contiene una serie di passi che si utilizzano per eseguire un preciso compito. Di contro, una **funzione** è un metodo di archiviazione di una trasformazione, contiene quindi il codice necessario per gestire dei dati e trasformarli in qualcosa di altro. Entrambi i tipi di M-file contengono del codice, ma il modo in cui sono formattati è sostanzialmente diverso, così come è diverso il modo in cui gestiscono i dati ad essi forniti.

Come già detto uno script opera nel workspace corrente di MATLAB, quindi le variabili che utilizza sono recuperate in tale spazio e modificate di conseguenza. Come risultato, dopo l'esecuzione dello script si possono facilmente vedere tutte le variabili che lo script contiene, nonché i loro valori finali. Al contrario, una funzione nasconde le sue variabili, e le variabili diventano disponibili solo dopo che la stessa è stata eseguita. Come risultato, i dati effettivi che la funzione utilizza internamente non risultano visibili, ed è necessario fornire tutti gli input richiesti ogni volta che si esegue la funzione.

Un'altra differenza si manifesta nell'intestazione della funzione, caratterizzata, come già detto, dalla keyword function, cosa che manca del tutto in uno script che invece rappresenta una sorta di elenco di istruzioni. Una funzione inoltre è caratterizzata da una maggiore flessibilità in quanto consente un maggiore controllo dell'ambiente in cui si svolgono i compiti, infatti l'uso di ingressi e uscite riduce il rischio di contaminazione dei dati frutto di precedenti esecuzioni.

Abbiamo detto che il contesto in cui una variabile di una funzione è definita assume carattere locale, se si vuole che più di una funzione condivida una stessa variabile, basta semplicemente dichiarare la variabile come globale in tutte le funzioni. Si faccia la stessa cosa alla linea di comando se si desidera che a essa acceda anche il workspace. La dichiarazione globale deve essere effettuata prima che la variabile sia usata in una funzione.

Sebbene non sia richiesto, l'utilizzo delle lettere maiuscole per i nomi delle variabili globali ci aiuta a distinguerle dalle altre variabili.

Ad esempio, creiamo un M-file chiamato area.m, contenente il seguente codice:

```
function q = area(h)
global BASE
q = 1/2*BASE*h;
```

La funzione area, appena definita, calcola l'area di un triangolo utilizzando base e altezza. Tali dati però sono forniti in maniera diversa, infatti l'altezza rappresenta un parametro di input e come tale è fornito quando la funzione è richiamata; di contro la base è definita come variabile globale e quindi è recuperata dal workspace di MATLAB.

Per utilizzare la funzione, interattivamente, introduciamo le seguenti istruzioni:

```
>> global BASE, BASE = 15;
>> AreaTriangoli = area((1:1:10)');
```

La prima istruzione è utilizzata per definire la variabile BASE quale variabile globale ed assegnarne il valore: tutto questo al prompt di comando. Si potrà poi cambiare BASE interattivamente per ottenere soluzioni nuove senza necessità di compilazione di alcun file. La seconda istruzione invece, invoca la funzione area, valutando l'area di dieci triangoli con altezza diversa. Il risultato è riportato di seguito.

```
>> AreaTriangoli

AreaTriangoli =

    7.5000
   15.0000
   22.5000
   30.0000
   37.5000
   45.0000
   52.5000
   60.0000
   67.5000
   75.0000
```

Funzioni definite da MATLAB

MATLAB già prevede nella sua installazione standard una serie di funzioni a corredo che ci consentono di risolvere i più comuni problemi di calcolo numerico. Ad esempio, dispone di un gran numero di funzioni matematiche standard, tra le quali troviamo `abs, sqrt, exp, log` e `sin`. La radice quadrata o il logaritmo di un numero negativo non rappresentano per MATLAB un errore; ne è fornito automaticamente il risultato complesso.

MATLAB incorpora, inoltre, anche funzioni matematiche molto più avanzate, quali la funzione di Bessel e la gamma function. La maggior parte di queste funzioni accetta argomenti complessi. Per ottenere un elenco delle funzioni matematiche elementari, digitare:

```
>> help elfun
```

Per un elenco più avanzato delle funzioni matematiche già contenute nell'ambiente MATLAB, digitare:

```
>> help specfun
>> help elmat
```

Alcune delle funzioni che abbiamo elencato, quali `sqrt` e `sin`, rappresentano le cosiddette funzioni `built-in`. Tali funzioni fanno parte del nucleo di MATLAB quindi sono molto efficienti, ma i dettagli della computazione non sono direttamente accessibili. Altre funzioni, invece, sono implementate nel linguaggio di programmazione MATLAB, così i loro dettagli di calcolo sono direttamente accessibili.

Ci sono anche altre differenze tra le funzioni built-in e altre funzioni. Per esempio, per le funzioni built-in, non è possibile recuperare il codice sorgente, mentre per le altre funzioni, è possibile accedere al codice sorgente e non solo, ci sarà inoltre concesso di modificarlo a nostro piacimento.

Vediamo allora in pratica l'utilizzo di alcune funzioni già presenti nel `workspace` di MATLAB, tale esercizio ci consentirà da un lato di comprendere il significato delle funzioni, da un altro lato di familiarizzare con l'ambiente di calcolo. Iniziamo dalla funzione `abs()` che applicata ad una matrice reale, produce una matrice contenente i valori assoluti degli elementi della matrice di partenza; applicata a un numero complesso, ne calcola il modulo.

Ad esempio, con l'utilizzo di tale funzione determiniamo il modulo di un numero complesso:

```
>> zeta=4+i*3

zeta =

   4.0000 + 3.0000i

>> ModuloZeta=abs(zeta)

ModuloZeta =

    5
```

Come ulteriore esempio valutiamo i valori assoluti degli elementi di una matrice:

```
>> Matrice=[-1 2 -3;-4 5 -6; -7 8 -9]

Matrice =
```

```
    -1     2    -3
    -4     5    -6
    -7     8    -9
```

```
>> ValoriAssoluti=abs(Matrice)
```

```
ValoriAssoluti =
```

```
     1     2     3
     4     5     6
     7     8     9
```

Passiamo alla funzione **sqrt()** che calcola la radice quadrata degli elementi di una matrice. Risultati complessi sono prodotti se la matrice contiene valori non positivi.

Definiamo dapprima un vettore con un elenco di valori positivi e negativi, quindi calcoliamo la radice quadrata dei suoi elementi:

```
>> Vettore=-2:2
```

```
Vettore =
```

```
    -2    -1     0     1     2
```

```
>> RadiceQuardrataVettore=sqrt(Vettore)
```

```
RadiceQuardrataVettore =
```

```
   0.0000 + 1.4142i    0.0000 + 1.0000i    0.0000 + 0.0000i    1.0000 +

   0.0000i    1.4142 + 0.0000i
```

Il risultato ci mostra che i primi due elementi del vettore sono numeri complessi, mentre gli altri tre sono reali avendo la componente complessa pari a **0**.

La funzione **exp()** restituisce l'esponenziale di ogni elemento contenuto in una matrice. Per gli elementi complessi, tale funzione, restituisce l'esponenziale complesso.

Per l'utilizzo di tale funzione definiamo dapprima un vettore con un elenco di valori positivi e negativi, quindi calcoliamo l'esponenziale dei suoi elementi e ne tracciamo il grafico:

```
>> Vettore = -3:0.1:15;
>> EsponenzialeVettore = exp(Vettore/2);
>> plot(Vettore,EsponenzialeVettore)
```

Il risultato è riportato nella Figura 3.11.

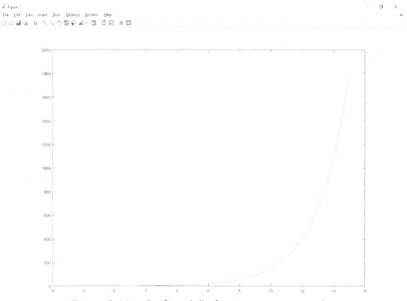

Figura 3.11 – Grafico della funzione esponenziale.

Capitolo quarto
Visualizzazione dei dati

Nei capitoli precedenti abbiamo descritto, in modo dettagliato, le specifiche previste da MATLAB per una corretta manipolazione dei dati. I dati elaborati da uno script MATLAB, dovranno essere in seguito correttamente interpretati al fine di ricavare informazioni utili sul processo che in questo modo si è voluto simulare. Per fare questo è necessario avere un ambiente visuale, che ci permetta di riportare i dati elaborati, ma che allo stesso tempo ci consenta di eseguire su di essi opportune manipolazioni per ricavare importanti indicazioni sull'evoluzione del fenomeno.

In MATLAB creare grafici da vettori o matrici è davvero semplice; questo perché sono state previste estensioni tali da rendere agevole il lavoro di salvataggio e stampa dei grafici. In questa sezione impareremo a utilizzare alcune delle funzioni grafiche più importanti previste da MATLAB e analizzeremo esempi di alcune applicazioni tipiche.

Creazione di grafici

Per iniziare, vedremo la funzione fondamentale per la creazione di grafici e cioè la funzione `plot()`. Analizzeremo poi nel dettaglio la procedura per la costruzione di un grafico, come, cioè, aggiungere linee e punti e una leggenda.

La funzione `plot()` costituisce la base per gran parte delle operazioni grafiche in ambiente MATLAB, attraverso il suo utilizzo possiamo gestire la produzione di molti tipi di grafici.

Per creare quindi un diagramma utilizzeremo la funzione `plot()`, che ha però forme diverse dipendenti dagli argomenti d'input.

Se **y** è un vettore, `plot(y)` produce un grafico lineare degli elementi di **y** contro l'indice di tali elementi (Figura 4.1).

```
>> y=[10,20,30,40,50]

y =

    10    20    30    40    50

>> plot(y)
```

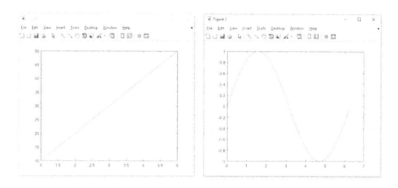

Figura 4.1 – Grafico di un vettore (Figure 1) e di una sinusoide(Figure 2).

Se si specificano invece due vettori come argomenti, con l'istruzione `plot(x,y)`, si produce un grafico di **y** contro **x**. Per esempio, per diagrammare il valore della funzione **seno** da **0** a **2*π**, utilizzeremo la seguente notazione (Figura 4.1):

```
>> t = 0:pi/100:2*pi;

>> y = sin(t);

>> plot(t,y)
```

Si possono ottenere grafici multipli attraverso diverse coppie di valori **x-y**, tutto questo con una singola chiamata. MATLAB automaticamente traccia i diversi tracciati utilizzando un elenco di colori predefinito (ma modificabile dall'utente) che permette di distinguere ciascun elenco di dati.

Per esempio, i comandi riportati di seguito tracciano quattro funzioni di **t**, assegnando a ciascuna curva un colore diverso:

```
>> t = 0:pi/100:2*pi;
>> y = sin(t);
>> y2 = sin(t - .40);
>> y3 = sin(t - .8);
>> y4 = sin(t - 1.2);
>> plot(t,y,t,y2,t,y3,t,y4)
```

I colori delle linee, se non sono specificati nel comando, sono scelti da MATLAB tra i colori disponibili. Il fatto di tracciare le linee in colori diversi rende più agevole l'individuazione di ogni singola traiettoria. Nel caso del comando precedente, poiché non è stato specificato nessun colore, otteniamo il risultato mostrato in Figura 4.2.

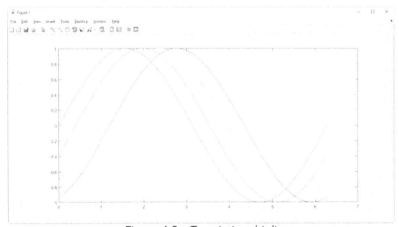

Figura 4.2 – Tracciati multipli.

Come già detto in precedenza, è possibile specificare colore, stile della linea e marcatori, con segnali positivi o cerchi, attraverso il seguente comando:

```
>> plot(x,y, 'marcatore-stile-colore')
```

dove l'attributo `'marcatore-stile-colore'` è costituito da una sequenza di 1, 2 o 3 caratteri (racchiusi tra virgolette) che rappresentano un colore, uno stile di linea e un tipo di marcatore; tipi di colore sono:

```
'c', 'm', 'y', 'r', 'g', 'b', 'w', 'k'
```

che corrispondono a cyan, magenta, giallo, rosso, verde, azzurro, bianco e nero.

Per specificare lo stile con cui tracciare la linea che approssima l'andamento dei dati è necessario indicarlo con una stringa di caratteri. Alcune stringhe di stili di linea sono riportate nella Tabella 4.1.

Tabella 4.1 – Stringhe di stili di linea.

Carattere	Stile di linea
'-'	Linea continua
'- -'	Linea tratteggiata
':'	Linea a puntini
'-.'	Linea a puntini e tratteggio
'none'	Senza linea

In modo analogo per specificare il tipo di marcatore con cui tracciare il punto rappresentativo del singolo dato è necessario indicarlo con una stringa di caratteri. Tipi di marcatore comuni sono riportati nella tabella 4.2.

Tabella 4.2 – Stringhe di stili di marcatori.

Carattere	Stile di marcatore
'+'	segno +
'o'	cerchio vuoto
'*'	asterisco
'x'	lettera X
's'	quadrato pieno
'd'	diamante pieno
'^'	triangolo pieno verso l'alto
'v'	triangolo pieno verso il basso
'>'	triangolo pieno rivolto verso destra
'<'	triangolo pieno rivolto verso sinistra
'p'	pentagramma pieno
'h'	esagramma pieno
'none'	nessun marcatore

Per esempio, i seguenti comandi:

```
>> y=[10,20,30,40,50]

y =

    10    20    30    40    50

>> plot(y, ' c:+ ')
```

tracciano in **ciano** una linea a puntini, che approssima l'andamento dei dati, e pone un marcatore + in corrispondenza di ciascun dato (Figura 4.3).

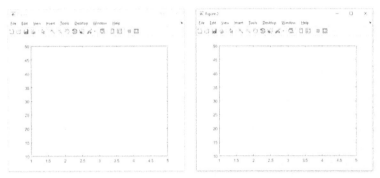

Figura 4.3 – Grafici con indicazione di marcatori e stili di linea (nella figura a sinistra - Figure 1 - è stato specificato sia il marcatore che lo stile di linea; nella figura a destra - Figure 2 - è stato specificato solo il marcatore).

Se si specifica un tipo di marcatore ma non uno stile di linea (**linestyle**), MATLAB disegna solamente il marcatore tralasciando di tracciare la linea (Figura 4.3):

```
>> plot(y, ' c+ ')
```

Se facciamo precedere il comando **plot()** dal comando **grid** si traccia nel grafico una griglia per evidenziare le coppie di valori che descrivono la curva.

Un modo ancora più semplice, ed altrettanto efficace, di tracciare un grafico è quello di utilizzare il **workspace** di MATLAB ed i menu contestuali, attivabili con un click destro su una delle variabili in esso presenti. Ad esempio, supponiamo di voler tracciare ancora una volta un grafico del vettore **y**, già utilizzato nel precedente esempio, e già presente nel `workspace` di MATLAB.

Per fare questo basterà cliccare destro sulla variabile `y` e dal menu contestuale che si aprirà scegliere la voce `Plot Catalog`. Si aprirà, in questo modo, una finestra che ci mostrerà l'intero catalogo dei grafici disponibili in ambiente MATLAB per rappresentare i nostri dati (Figura 4.4).

Figura 4.4 – Catalogo dei grafici disponibili in ambiente MATLAB.

In tale finestra, come già detto, potremo analizzare tutti i grafici disponibili e scegliere quello più indicato a rappresentare i nostri dati; dopo aver effettuato la nostra scelta potremo visualizzare sulla destra una finestra di aiuto che riporta la regolare sintassi necessaria per tracciare il grafico (nel caso volessimo utilizzare la riga di comando), e degli utili esempi esplicativi. Per tracciare il nostro grafico basterà allora cliccare sul tasto `Plot` disponibile in basso a destra della finestra (Figura 4.4).

Un terzo modo, infine, di tracciare un grafico è quello di utilizzare la scheda `PLOTS` presente nel menu di MATLAB. La presenza di una specifica scheda, nel menu dell'applicazione, manifesta la particolare importanza che i programmatori MATLAB hanno riservato alla visualizzazione dei dati.

Creare un grafico con l'ausilio di tale menu è davvero un gioco da ragazzi: basterà selezionare la variabile da visualizzare nel **workspace** di MATLAB e scegliere poi il tipo di grafico da adottare, tra quelli disponibili nella barra delle applicazioni del menu **PLOTS**, ed ecco fatto vedremo aprirsi una nuova finestra grafica che rappresenterà in modo puntuale i nostri dati.

Figura 4.5 – Menu PLOTS.

Analizzando la scheda **PLOTS** del menu di MATLAB (Figura 4.5) è possibile verificare che a destra dei grafici visualizzati è presente il tipico triangolino caratteristico dei menu a discesa, infatti cliccando su di esso lo stesso si espande mostrando tutte le opzioni di grafici disponibili nella nostra installazione di MATLAB.

La finestra grafica

Come abbiamo avuto modo di verificare nel paragrafo precedente, la funzione **plot()** apre automaticamente una nuova finestra grafica, se non ne esiste già una sullo schermo. Se invece una finestra grafica già esiste, la funzione **plot()** utilizza tale finestra di default.

Ma analizziamo più nel dettaglio la finestra grafica che MATLAB utilizza per mostrare i grafici: non rappresenta una semplice finestra per la banale visualizzazione dei grafici ma bensì si configura come un ambiente interattivo per la visualizzazione dei dati in cui i nostri grafici potranno essere configurati in modo dettagliato e particolareggiato. Infatti tale finestra ci fornisce gli strumenti necessari per la manipolazione del grafico appena tracciato, consentendo in questo modo di aggiungere tutti gli elementi necessari per realizzare dei grafici di alta qualità.

Per aprire una finestra nuova e renderla finestra corrente basterà digitare:

```
>> figure
```

In questo modo sarà aperta una nuova finestra grafica, che almeno per adesso risulterà vuota non avendo aggiunto nessun grafico (Figura 4.6).

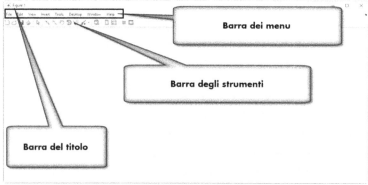

Figura 4.6 – La finestra grafica di MATLAB.

Riempiamo tale finestra aggiungendo un semplice grafico, partendo dai dati già utilizzati in precedenza:

```
>> t = 0:pi/100:2*pi;
>> y = sin(t);
>> plot(t,y)
```

Abbiamo in questo modo costruito un grafico della funzione sin() (Figura 4.7). Com'è possibile verificare la finestra grafica presenta una serie di menu e strumenti che ci consentono di modificare l'aspetto del grafico ed aggiungere informazioni supplementari a quelle già presenti in esso.

Analizziamo dapprima la barra degli strumenti della finestra grafica: in essa è possibile individuare, tra l'altro, i comandi necessari per eseguire le seguenti operazioni:
- aprire una nuova finestra;
- aprire un file;
- salvare la figura;
- stampare la figura;
- zoom in e out;
- pan e edit plot;

La barra dei menu invece presenta tutti i comandi disponibili per la manipolazione della finestra grafica, raggruppati per categoria. Di particolare interesse è il menu Tools che contiene una serie di comandi che ci permettono, mediante un'interfaccia grafica dall'utilizzo intuitivo, di manipolare opportunamente il grafico realizzato nel caso lo si volesse utilizzare in una presentazione.
I comandi del menu Tools sono accessibili anche tramite icone nella finestra che si apre cliccando sull'ultima icona a destra nella barra degli strumenti standard della finestra grafica.
Cliccando su tale icona la finestra grafica assume l'aspetto riportato nella Figura 4.7.

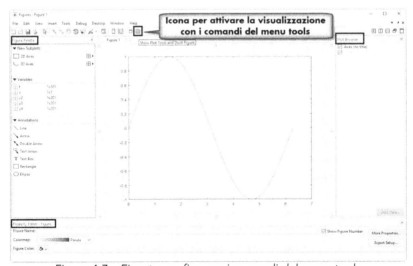

Figura 4.7 – Finestra grafica con i comandi del menu tools.

In questa finestra è possibile distinguere tre aree principali (Figura 4.7):

1) `Figure Palette`, in alto a sinistra, permette di specificare e di manipolare i grafici multipli. Consente inoltre l'accesso alle variabili presenti nel workspace per diagrammarle ed editarle e, infine, permette di aggiungere annotazioni al grafico;

2) `Plot Browser`, in alto a destra, permette di selezionare gli oggetti presenti nel grafico, determina la visibilità degli stessi e infine consente di aggiungere dei dati agli assi del diagramma;

3) `Property Editor`, nella parte bassa della finestra grafica, permette di cambiare le proprietà degli oggetti selezionati. Cliccando sul pulsante `Inspector` si accede a tutte le proprietà degli oggetti presenti nel diagramma corrente.

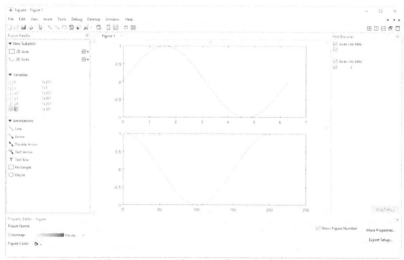

Figura 4.8 – Aggiunta di un grafico alla finestra grafica.

Abbiamo detto che attraverso la `Figure Palette` è possibile manipolare i grafici multipli, quindi per esempio, attraverso tale strumento possiamo aggiungere un ulteriore grafico a quello già presente. Supponiamo di voler aggiungere al tracciato della funzione `sin(t)`, già creato in precedenza, il tracciato della funzione `cos(x)`. Per fare questo definiremo una nuova variabile attraverso la linea di comando:

```
>> z=cos(t);
```

quindi, selezioneremo la voce 2D Axes, presente nella sezione New Sublots della Figure Palette, aggiungendo in questo modo un'ulteriore grafico a quello già presente (tale grafico sarà per il momento vuoto). A questo punto, nella sezione Variables, evidenzieremo la variabile z, clicceremo con il tasto destro su di essa e sceglieremo il comando plot dal menu contestuale, ottenendo il risultato mostrato nella Figura 4.8.

Per aggiungere delle annotazioni ai grafici appena creati potremo, ancora una volta, utilizzare i comandi presenti nella sezione Figure Palette. Tali comandi ci consentono di aggiungere numerose tipologie di elementi quali ad esempio linee, frecce, caselle di testo etc. (per una lista completa degli elementi che è possibile inserire in un grafico vedere la Tabella 4.3).

Tabella 4.3 – Tipi di annotazioni disponibili.

Comando	Tipo di annotazione
'line'	linea di annotazione
'arrow'	freccia di annotazione
'doublearrow'	doppia freccia di annotazione
'textarrow'	freccia di testo
'textbox'	casella di testo
'rectangle'	rettangolo di annotazione
'ellipse'	ellisse di annotazione

Passiamo ora all'area Plot Browser della finestra grafica che, come abbiamo anticipato, ci consente di selezionare gli oggetti presenti nel grafico, di determinare la visibilità degli stessi e infine ci permette di aggiungere dei dati agli assi del diagramma.

Nell'esempio appena analizzato saranno presenti i due tracciati aggiunti alla finestra grafica, per ognuno di essi sarà possibile individuare una voce che si riferisce agli assi ed una che si riferisce alla curva. Semplicemente cliccando sul segno di spunta di ognuno di tali elementi, sarà possibile visualizzarli o meno nella finestra grafica, inoltre selezionandoli (cliccando su ogni voce), si renderà attivo l'elemento nella finestra Property Editor.

Veniamo dunque all'ultima area della finestra grafica che stiamo analizzando e cioè la sezione appunto Property Editor che, come abbiamo già anticipato, ci permette di cambiare le proprietà degli oggetti selezionati. Dopo aver selezionato l'elemento nella sezione Plot Browser, la sezione Property Editor visualizza tutte le proprietà dell'elemento fornendoci gli strumenti per poterle modificare a nostro piacimento. Ad esempio selezioniamo una delle due curve che abbiamo aggiunto al nostro grafico, attraverso tale sezione ne potremo modificare il nome visualizzato, potremo risalire ai dati di origine, potremo selezionare la tipologia di grafico nonché le caratteristiche degli elementi grafici ad esso associato (tipo di linea, spessore, colore, marcatore etc.).

Cliccando poi sul pulsante More Properties (pulsante Inspector) si aprirà una finestra supplementare in cui sono riportate tutte le proprietà degli oggetti presenti nel diagramma corrente (Figura 4.9).

Figura 4.9 – Finestra Ispector.

Nei paragrafi precedenti abbiamo visto come utilizzare la funzione plot() per tracciare dei grafici a partire dai nostri dati, nell'occasione abbiamo avuto modo di precisare che ogni qual volta tale funzione è invocata MATLAB visualizzi il grafico sulla finestra grafica corrente con il risultato che il grafico precedentemente tracciato è sovrascritto.

Per ovviare a tale inconveniente abbiamo imparato ad utilizzare il comando figure() che invece fa in modo che ogni qual volta si tracci un nuovo grafico questo sia visualizzato su una nuova finestra grafica. Ma cosa fare se invece vogliamo aggiungere un tracciato ad un grafico già realizzato su una specifica finestra grafica. Per fare questo utilizzeremo il comando hold che appunto permette di aggiungere tracciati a un grafico esistente. Infatti quando si digita:

```
>> hold on
```

MATLAB non rimuove il grafico esistente; aggiunge i dati nuovi al grafico corrente e riscala lo stesso se necessario. Per esempio, le seguenti linee di comando prima creano un tracciato della funzione sin() in colore blu e con il marcatore * in corrispondenza di ogni dato, poi sovrappongono un tracciato per la funzione cos() in colore rosso e con il marcatore o:

```
>> t = 0:pi/100:2*pi;
>> y = sin(t);
>> plot(t,y,'*')
>> z=cos(t);
>> hold on
>> plot(t,z,'r:o')
```

Il comando hold on fa sì che il primo tracciato sia combinato col secondo tracciato nella stessa figura (Figura 4.10.

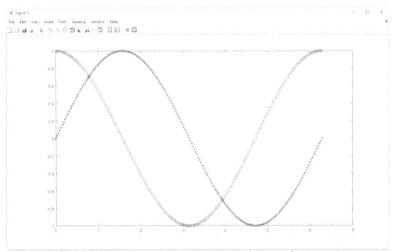

Figura 4.10 – Aggiunta di un tracciato ad un grafico esistente.

A volte può essere necessario ripulire la finestra della figura da un grafico esistente; a tale proposito può risultare utile il comando `clf` (clear figure), che ripulisce lo schermo grafico. Lo stesso comando può essere invocato utilizzando la voce `clear figure` presente nel menu `Edit` della finestra grafica.

Grafici multipli

Può accadere di avvertire l'esigenza di tracciare più grafici in una stessa finestra grafica, al fine di confrontarne i risultati in maniera immediata attraverso un solo sguardo. A tal proposito l'ambiente MATLAB ci fornisce degli utili strumenti per la gestione di grafici multipli che ci permettono di posizionare gli stessi in modo preciso e coerente con le nostre aspettative.

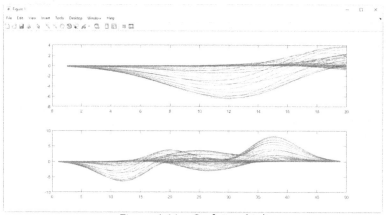

Figura 4.11 – Grafici multipli

Per tracciare più grafici in una stessa finestra grafica utilizzeremo la funzione `subplot()` che appunto ci permette di mostrare tracciati multipli nella stessa finestra o di stamparli sullo stesso foglio. Infatti, digitando:

```
>> subplot(m,n,p)
```

si trasforma la finestra della figura in una matrice `m x n` di piccoli `subplot` (grafici) e si seleziona il `pth subplot` come `plot` corrente.
I tracciati (`plot`) sono numerati a partire dalla prima fila della finestra grafica, poi lungo la seconda fila e così via. Per esempio, per scomporre il tracciato di dati in quattro sub regioni diverse della

stessa finestra grafica, e per tracciare in ogni subplot i grafici delle funzioni sin, cos, tan e atan, si digitano le seguenti linee di codice MATLAB:

```
>> t = 0:pi/10:2*pi;
>> y = sin(t);
>> subplot(2,2,1)
>> plot(t,y)
>> y1=cos(t);
>> subplot(2,2,2)
>> plot(t,y1)
>> y2=tan(t);
>> subplot(2,2,3)
>> plot(t,y2)
>> y3=atan(t);
>> subplot(2,2,4)
>> plot(t,y3)
>> print -dbmp16m figura.bmp
```

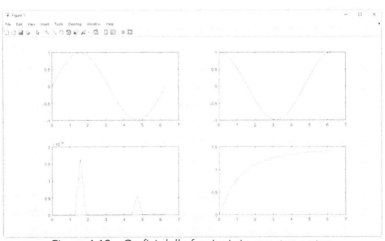

Figura 4.12 – Grafici delle funzioni sin, cos, tan e atan.

L'ultima istruzione salva la figura nel file `figura.bmp` (24-bit .BMP file format) il quale potrà essere inserito in documenti HTML. Il risultato è riportato nella Figura 4.12.

Infine, ricordiamo che il file `figura.bmp` è salvato nella cartella di lavoro di MATLAB, chiamata `work`, che si trova all'interno della cartella dove è stato installato il programma (per esempio `c:\MATLAB\work`). Naturalmente la cartella di destinazione può essere cambiata specificando a MATLAB una diversa directory di lavoro.

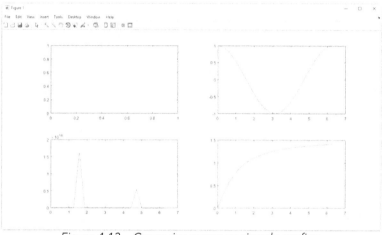

Figura 4.13 – Come rimuovere un singolo grafico.

Se si desidera invece, rimuovere uno dei grafici presenti nel tracciato multiplo, senza modificare gli altri, si potrà utilizzare la funzione `cla` (clear axes); applichiamola da subito al tracciato multiplo creato in precedenza; in particolare, opereremo nel senso di ripulire il primo grafico mantenendo inalterati gli altri. Per fare questo digiteremo i seguenti comandi:

```
>> subplot(2,2,1)
>> cla
```

Il risultato è mostrato in Figura 4.13.

Nell'utilizzo della funzione `subplot()` abbiamo avuto modo di apprezzare la precisione della sua sintassi, che ci consente di specificare in modo attento ogni singolo grafico della finestra grafica.

Ma tale funzione accetta anche una sintassi semplificata, al fine di rendere più veloce il lavoro, una volta che si è raggiunto un sufficiente controllo sulla gestione dell'ambiente MATLAB; infatti il comando `subplot(221)` oppure `subplot 221` risultano del tutto equivalenti alla forma `subplot(2,2,1)` già utilizzata e proposta quale forma di default.

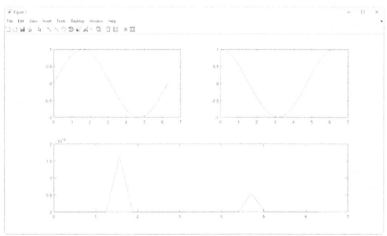

Figura 4.14 – Grafici multipli di dimensioni differenti.

Nell'esempio che abbiamo analizzato per introdurre i grafici multipli, abbiamo deciso di tracciare un numero pari di grafici, e tutti delle stesse dimensioni, ma tale scelta non è stata imposta da limitate potenzialità di MATLAB. Infatti, i tracciati inseriti possono essere dispari ed avere dimensioni differenti; mostriamo tutto questo nell'esempio seguente:

```
>> t = 0:pi/10:2*pi;
>> y = sin(t);
>> subplot(2,2,1)
>> plot(t,y)
>> y1=cos(t);
>> subplot(2,2,2)
>> plot(t,y1)
>> y2=tan(t);
```

```
>> subplot(2,1,2)
```

```
>> plot(t,y2)
```

In questo ultimo caso abbiamo tracciato tre grafici di dimensioni differenti; il risultato è mostrato in Figura 4.14.

Assi e titolo di un grafico

Abbiamo già visto come, attraverso gli strumenti che ci fornisce la finestra grafica (Plot Tools), sia possibile modificare gli assi di un grafico ed aggiungere annotazioni ad esso; ma in coerenza con la politica MATLAB che fa della precisione la sua arma più affidabile, tutto questo è altresì possibile attraverso specifici comandi.

A tal proposito la funzione axis() ci permette di manipolare gli assi del nostro grafico. Essa possiede opzioni per personalizzare la misurazione in scala, l'orientamento e il rapporto d'aspetto dei tracciati. Ricordiamo così che MATLAB, di default, ogni qual volta si traccia un grafico, in modo automatico trova i massimi e i minimi dei dati, sceglie una plot-box adatta e identifica gli assi con delle etichette (label). Per personalizzare i limiti degli assi basterà digitare il seguente comando:

```
>> axis([xmin xmax ymin ymax])
```

Inoltre la funzione axis() accetta anche delle chiavi (keywords) per il controllo degli assi. Ad esempio:

```
>> axis square
```

impone che i due assi abbiano la stessa lunghezza. La seguente istruzione:

```
>> axis equal
```

impone che gli incrementi per ogni marcatore su x e y siano uguali. Infine:

```
>> axis auto
```

restituisce l'asse in scala di default, in maniera automatica. Per maggiori informazioni consultare l'help della funzione digitando:

```
>> help axis
```

MATLAB dispone inoltre di diverse scale metriche da utilizzare per gli assi delle figure. Per utilizzare una diversa scala, anziché il comando `plot` si deve eseguire uno dei seguenti comandi:
- `loglog`: disegna le curve con scala logaritmica, in base 10, su entrambi gli assi;
- `semilogx`: disegna le curve con scala logaritmica solo sull'asse delle ascisse;
- `semilogy`: disegna le curve con scala logaritmica solo sull'asse delle ordinate.

Per aggiungere un titolo al nostro grafico utilizzeremo la funzione `title()`; in tal caso il titolo sarà posizionato nella parte alta della figura. Se invece vogliamo che il titolo sia posizionato in una parte differente della finestra grafica, dovremo far ricorso alla funzione `text()`, che appunto inserisce testo ovunque nella figura.
Per gestire annotazioni che contengano lettere greche, simboli matematici e font alternativi, utilizzeremo un sottoinsieme di notazioni del linguaggio TEX.

Per aggiungere delle etichette agli assi del grafico utilizzeremo, invece, le funzioni `xlabel()`, `ylabel()` e `zlabel()`.
Per comprendere meglio la gestione di queste nuove caratteristiche che abbiamo qui introdotto, ci aiuteremo con un semplice esempio in cui tracceremo una sinusoide in corrispondenza di 100 punti equamente distanziati tra i valori $-\pi$ e π.

Utilizzeremo quindi la notazione `\leq` per rappresentare il simbolo `<=`, la notazione `\pi` per rappresentare il simbolo π e, infine, la notazione `\it` per rappresentare il testo in stile corsivo (Figura 4.15):

```
>> t = -pi:pi/100:pi;
```

```
>> y = sin(t);

>> plot(t,y)

>> axis([-pi pi -1 1])

>> xlabel('-\pi \leq \itt \leq \pi')

>> ylabel('sin(t)')

>> title('Grafico della funzione sin')

>> text(1,-1/3,'\it{Funzione dispari}')
```

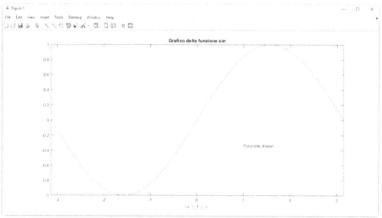

Figura 4.15 – Titolo, annotazioni ed etichette degli assi.

Annotazioni grafiche

Abbiamo già anticipato che per aggiungere delle annotazioni ai grafici appena creati potremo utilizzare i comandi presenti nella sezione Figure Palette della finestra grafica. Attraverso tali comandi potremo aggiungere al nostro grafico linee, frecce, caselle di testo etc. (per una lista completa degli elementi che è possibile inserire in un grafico vedere la Tabella 4.3). In questo paragrafo mostreremo come sia estremamente semplice aggiungere del testo a un grafico con i comandi che ci mette a disposizione MATLAB.

Per iniziare, inseriremo delle semplici annotazioni testuali ad un grafico utilizzando la finestra grafica e in particolare il comando

TextBox, presente sia come icona nella sezione Annotations della Figure Palette, sia nel menu Insert. Il testo può essere inserito in qualsiasi parte della figura attraverso l'apertura di una casella di testo, con un doppio clic nel punto desiderato.

È inoltre possibile inserire delle linee con frecce mediante l'apposito pulsante presente sulla sezione Annotations della Figure Palette, per indicare in modo preciso a quale parte del grafico è riferita quella particolare notazione.

Sempre nella sezione Annotations della Figure Palette, è possibile individuare l'icona il simbolo della lettera T che ci permette di inserire in modo veloce del testo semplicemente cliccandoci sopra, mentre risulta altrettanto semplice inserire una freccia cliccando sul pulsante con il simbolo della freccia.

Passiamo subito ad un esempio pratico. Creiamo dapprima il diagramma della funzione sin(x):

```
>> t = 0:pi/100:2*pi;
```

```
>> y = sin(t);
```

```
>> plot(t,y)
```

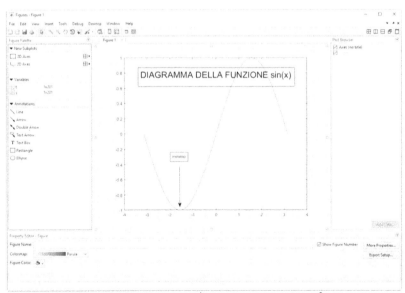

Figura 4.16 – Aggiunta di annotazioni in un grafico.

Quindi aggiungiamo del testo al diagramma utilizzando la seguente procedura:

1) scegliere il comando `Text` dal menu `Insert`, oppure cliccare sull'icona con il simbolo della lettera т presente sulla barra degli strumenti della finestra della figura;

2) posizionare il cursore nel punto esatto in cui si desidera inserire il testo e cliccare; MATLAB aprirà una casella di testo;

3) digitare il testo;

4) cliccare in un punto qualsiasi della finestra della figura.

Per aggiungere una freccia utilizzeremo invece la seguente procedura:

1) cliccare sull'icona con il simbolo della freccia presente nella sezione `Annotations` della `Figure Palette`;

2) quindi, cliccare nel punto in cui vogliamo che inizi la freccia e, tenendo premuto il tasto sinistro del mouse, trascinare fino al punto finale della freccia.

Attraverso l'impiego di tali procedure potremo ottenere un risultato simile a quello mostrato nella Figura 4.16.

Abbiamo già visto come sia possibile in ambiente MATLAB inserire lettere appartenenti all'alfabeto greco e caratteri speciali. Per fare questo utilizzeremo lo stile tipico del linguaggio per la formattazione del testo TEX.

MATLAB offre due tipi di supporto al linguaggio TEX, controllati entrambi dalle proprietà dell'interprete del testo:

- `tex`, supporto per una sottocategoria dei marcatori TEX;

- `latex`, supporto a TEX e ai marcatori LaTEX.

La tabella 4.4 elenca i caratteri speciali supportati da MATLAB con la proprietà interprete impostata su `'tex'`.

Tabella 4.4 – Caratteri speciali supportati da MATLAB.

Simbolo	Codice Matlab	Simbolo	Codice Matlab	Simbolo	Codice Matlab
α	\alpha	υ	\upsilon	~	\sim
∠	\angle	Φ	\phi	≤	\leq
*	\ast	χ	\chi	∞	\infty
β	\beta	ψ	\psi	♣	\clubsuit
γ	\gamma	ω	\omega	♦	\diamondsuit

Simbolo	Codice Matlab	Simbolo	Codice Matlab	Simbolo	Codice Matlab
δ	\delta	Γ	\Gamma	♥	\heartsuit
ε	\epsilon	Δ	\Delta	♠	\spadesuit
ζ	\zeta	Θ	\Theta	↔	\leftrightarrow
η	\eta	Λ	\Lambda	←	\leftarrow
Θ	\theta	Ξ	\Xi	⇐	\Leftarrow
ϑ	\vartheta	Π	\Pi	↑	\uparrow
ι	\iota	Σ	\Sigma	→	\rightarrow
κ	\kappa	Υ	\Upsilon	⇒	\Rightarrow
λ	\lambda	Φ	\Phi	↓	\downarrow
μ	\mu	Ψ	\Psi	°	\circ
ν	\nu	Ω	\Omega	±	\pm
ξ	\xi	∀	\forall	≥	\geq
π	\pi	∃	\exists	∝	\propto
ρ	\rho	∋	\ni	∂	\partial
σ	\sigma	≅	\cong	•	\bullet
ς	\varsigma	≈	\approx	÷	\div
τ	\tau	ℜ	\Re	≠	\neq
≡	\equiv	⊕	\oplus	ℵ	\aleph
ℑ	\Im	∪	\cup	℘	\wp
⊗	\otimes	⊆	\subseteq	∅	\oslash
∩	\cap	∈	\in	⊇	\supseteq
⊃	\supset	⌈	\lceil	⊂	\subset
∫	\int	·	\cdot	o	\o
⌋	\rfloor	¬	\neg	∇	\nabla
⌊	\lfloor	×	\times	...	\ldots
⊥	\perp	√	\surd	´	\prime
∧	\wedge	ϖ	\varpi	∅	\0
⌉	\rceil	⟩	\rangle			\mid
∨	\vee	⟨	\langle	©	\copyright

Si può inoltre specificare un modificatore di flusso che controlli il font utilizzato; allora potremo utilizzare il modificatore \fontname in combinazione con uno dei seguenti modificatori:

- \bf, font bold;
- \it, font italic;
- \sl, font obliquo (utilizzato raramente);
- \rm, font normal;
- \fontname{fontname}, specifica il nome della famiglia di font utilizzata;
- \fontsize{fontsize}, specifica la dimensione del font in unità font.

Il modificatore di flusso è applicato alla fine della stringa oppure a un testo specificato attraverso le parentesi graffe { }.

Il carattere underscore _ e il carattere ^ modificano il carattere immediatamente seguente o la stringa definita attraverso le parentesi graffe.

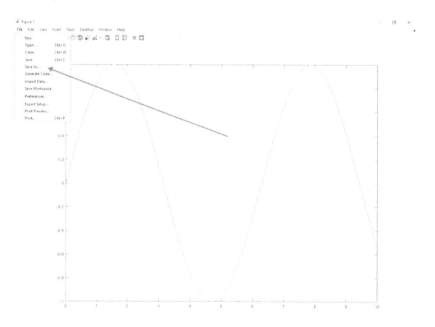

Figura 4.17 – Salvataggio di un grafico.

Per stampare a video un carattere speciale, indicato attraverso la notazione TEX, è necessario anteporre il simbolo backslash (\) al carattere; per esempio, per rappresentare il backslash scriveremo \\, mentre per rappresentare una parentesi graffa \{.

Esportazione dei grafici

Nei paragrafi precedenti abbiamo imparato a creare dei grafici a partire dai nostri dati; a tal proposito può accadere di avvertire l'esigenza di salvare la figura creata, magari con l'intento di poterla utilizzare in un'altra applicazione oppure per inserirla in una presentazione o ancora per realizzare una relazione corredata dai grafici realizzati con MATLAB. In tal caso ci sarà utile il comando Save As, presente nel menu File della finestra grafica o sottoforma di icona nella barra degli strumenti della stessa (Figura 4.17).

I formati in cui salvare la figura sono molteplici; ne riportiamo una serie nella Tabella 4.5.

Tabella 4.5 - Tipi di formati grafici esportabili.

Estensione	Formato
ai	Adobe Illustrator
bmp	Windows bitmap
emf	Enhanced metafile
eps	EPS Level 1
fig	Figura MATLAB (non valida per modelli Simulink®)
jpg	Immagine JPEG (non valida per modelli Simulink)
m	MATLAB M-file (non valido per modelli Simulink)
pbm	Portable bitmap
pcx	Paintbrush 24-bit
pgm	Portable Graymap
png	Portable Network Graphics
ppm	Portable Pixmap
tif	Immagine TIFF, compressa

Per rendere il lavoro quanto più preciso possibile, o meglio, quanto più rispondente alle nostre esigenze, l'ambiente MATLAB ci offre l'opportunità di personalizzare il nostro grafico prima di effettuarne il salvataggio.

L'esempio che segue mostra come utilizzare il comando ExportSetup presente nel menu File, e la finestra che si apre di conseguenza, per personalizzare una figura prima di effettuarne il salvataggio. In tale finestra è possibile modificare la dimensione della figura, il colore di sfondo, la dimensione dei caratteri, e la larghezza delle linee. È inoltre illustrato come salvare le impostazioni attraverso la creazione di uno stile di esportazione che sarà possibile applicare, in seguito, ad altre figure prima di salvarle.

Partiamo come sempre dalla creazione di un semplice grafico:

```
x = linspace(0,6.28);
y = sin(x);

plot(x,y)
```

A questo punto risulterà estremamente semplice impostare le dimensioni della figura facendo clic su `File> Export Setup`. In questo modo si aprirà appunto la finestra `Export Setup` nella quale potremo, ad esempio, specificare le dimensioni della finestra desiderate modificando opportunamente i campi `larghezza` e `altezza`.

Tali dimensioni si riferiscono all'intera finestra della figura fatta eccezione per il bordo, la barra del titolo, la barra dei menu, e le barre degli strumenti. Per fare in modo che gli assi si estendano per l'intera figura, selezionare `Expand axes to fill figure`. Sarà possibile inoltre specificare le dimensioni dell'altezza e della larghezza della figura attraverso diverse unità di misura (Figura 4.18).

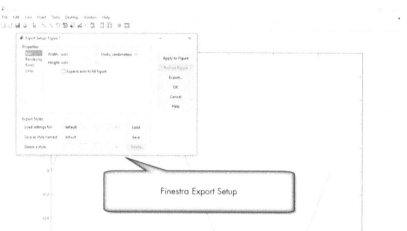

Figura 4.18 – Come personalizzare un grafico.

Per rendere attive le modifiche apportate basterà cliccare sul bottone `Apply to Figure`.
Per impostare il colore di sfondo della nostra figura, basterà cliccare sulla proprietà `rendering` presente nella finestra `Export Setup`.

Nel campo `Custom color`, potremo specificare, a nostra discrezione, un nome di un colore o il corrispondente codice RGB. Nel nostro esempio, abbiamo impostato come colore di sfondo il verde (Figura 4.19). C'è da precisare che il colore di sfondo andrà ad occupare tutta la finestra al di fuori dello spazio dedicato al grafico. Ricordiamo a tal proposito che un codice RGB rappresenta un numero composto da tre cifre i cui elementi rappresentano le intensità dei componenti rosso, verde e blu del colore che si intende rappresentare. La tabella 4.6 elenca alcune triplette comuni di codice RGB con i corrispondenti nomi dei colori.

Tabella 4.6 – Tabella codici RGB.

Nome del colore esteso	Abbreviato	Codice RGB
white	w	[1 1 1]
yellow	y	[1 1 0]
magenta	m	[1 0 1]
red	r	[1 0 0]
cyan	c	[0 1 1]
green	g	[0 1 0]
blue	b	[0 0 1]
black	k	[0 0 0]

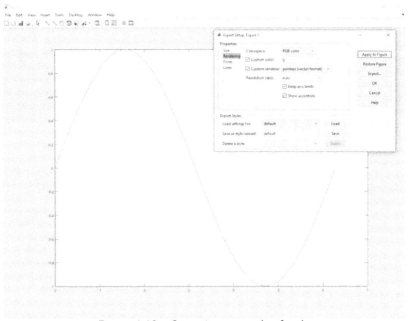

Figura 4.19 – Come impostare lo sfondo.

In maniera altrettanto semplice è possibile impostare le dimensioni dei caratteri presenti nel grafico nonché lo spessore della linea del tracciato.

Per modificare il carattere basterà selezionare la voce Fonts nella sezione Properties nella finestra Export Setup. A questo punto sarà necessario specificare una dimensione per il carattere, selezionare un tipo di carattere attraverso la scelta tra quelli disponibili nel menu a tendina, scegliere uno stile per il carattere, ed infine l'angolo per il carattere.

Capitolo *quinto*
Tipologie di grafici

Il modo più immediato per analizzare dei dati è quello di visualizzarli attraverso la creazione di opportuni grafici, che a seconda della natura delle osservazioni effettuate, possono fornire importanti informazioni. Sappiamo, però, che per ottenere le informazioni a noi necessarie, non è possibile fare ricorso sempre alla stessa tipologia di grafico, ma a seconda del tipo di dato che abbiamo a disposizione ed in funzione dell'analisi che vogliamo condurre sarà necessario avvalersi del diagramma più indicato. A tal proposito, l'ambiente MATLAB ci mette a disposizione gli strumenti adatti alla creazione di tutte le tipologie di grafici. In questo capitolo impareremo ad utilizzare tali strumenti, diversificando le procedure a seconda della tipologia di grafico.

Grafici a barre

I grafici a barre (bar plot) o ortogrammi sono costituiti da rettangoli (barre) aventi larghezza arbitraria, ma costante, e altezza proporzionale alla caratteristica che si vuole rappresentare. Normalmente un grafico a barre presenta sull'asse orizzontale le etichette che identificano le classi in cui è stata suddivisa la popolazione oggetto di studio e sull'asse verticale è conteggiata la caratteristica contenuta dalle varie classi.

In un grafico a barre, allora, tutte le classi hanno la stessa ampiezza; così in ascissa si indicano gli estremi o i valori medi di ogni classe, tale scelta assume importanza trascurabile perché in questo caso non ha rilevanza quanto sia largo il rettangolo, in ordinata invece si indicano semplicemente la numerosità o la frequenza.

Un grafico a barre quindi, mostra la distribuzione (cioè la frequenza) di una variabile categoriale attraverso delle barre verticale o orizzontali. Nella sua forma più semplice, la sintassi della funzione `bar()` è la seguente:

```
bar(y)
```

dove `y` rappresenta un vettore o matrice contenente i dati che si desidera rappresentare graficamente.

Se `y` è un vettore, i suoi valori rappresentano le altezze delle barre presenti nel grafico, in questo modo è prodotto un grafico a barre verticali. Se invece utilizziamo la funzione `barh()` produciamo un grafico a barre orizzontali.

Per analizzare il nostro primo esempio costruiamo dapprima un vettore contenente le età di quattro ragazzi:

```
>> y=[11 13 14 18];
```

Utilizziamo a questo punto tale vettore per costruire il nostro primo grafico a barre:

```
>> bar(y)
```

Aggiungiamo al grafico appena creato le etichette degli assi ed un titolo:

```
>> xlabel('Nomi dei ragazzi')
>> xticklabels({'Simone' 'Luigi' 'Mariateresa' 'Valentina'})
>> ylabel('Età')
>> title('Età dei ragazzi')
```

A questo punto operiamo in modo analogo per costruire un grafico con le barre orizzontali:

```
>> barh(y)
>> xlabel('Età')
```

```
>> ylabel('Nomi dei ragazzi')

>> yticklabels({'Simone' 'Luigi' 'Mariateresa' 'Valentina'})

>> title('Età dei ragazzi')
```

Abbiamo così tracciato due grafici con barre verticali ed orizzontali (Figura 5.1), avendo utilizzato, nel secondo caso, il comando `barh()`.

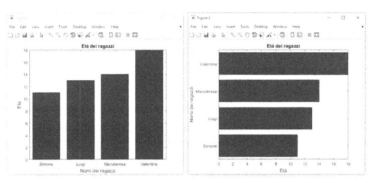

Figura 5.1 – Grafici a barre verticali ed orizzontali di un vettore.

La funzione `bar()`, nel caso in cui l'input sia rappresentato da una matrice, distribuisce le righe lungo l'asse x, infatti se l'argomento di tale funzione è una matrice piuttosto che un vettore, il grafico risultante sarà un grafico a barre impilate o raggruppate.
Elementi della stessa riga di una matrice sono raggruppati insieme. Ad esempio, se una matrice ha cinque righe e tre colonne, allora la funzione `bar()` visualizza cinque gruppi di tre barre lungo l'asse `x`. Il primo gruppo di barre rappresenta gli elementi della prima fila di `y` e così via. Vediamo allora un semplice esempio:

```
>> bar(y)
>> y = [1 2 3; 2 6 8; 3 9 10; 1 10 13];
>> bar(y)

>> figure

>> barh(y)
```

Abbiamo in questo modo tracciato due grafici con barre verticali ed orizzontali (Figura 5.2), relativi alla stessa matrice.

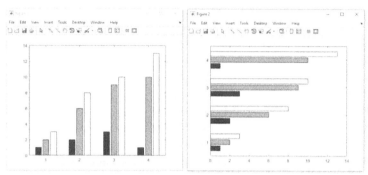

Figura 5.2 – Grafici a barre verticali ed orizzontali di una matrice.

Passiamo ora a vedere come tracciare un grafico a barre impilate; questo tipo di grafico consente di confrontare il contributo percentuale di ciascun valore al totale, tutto questo per diverse categorie. Tale tipo di grafico si può tracciare sempre con l'ausilio della funzione bar(); infatti, come già anticipato, se l'argomento di tale funzione è una matrice piuttosto che un vettore, il grafico risultante sarà un grafico a barre impilate o raggruppate.

Per fare questo analizziamo un esempio, tracciando un grafico che mostra le vendite di autovetture di lusso nei primi tre mesi dell'anno. Per fare questo, dapprima costruiremo una matrice che contenga tali dati, quindi utilizzeremo la funzione bar() per rappresentarli graficamente con l'opzione 'stacked'.

```
>> y=[5,6,4;5,4,3;2,3,2]

y =

     5     6     4
     5     4     3
     2     3     2

>> bar(y,'stacked')

>> xticklabels({'Gennaio','Febbraio','Marzo'})

>> legend('Ferrari','Porsche','Jaguar')
>> title('Vendite auto di lusso')
```

Analizziamo il codice appena proposto: dapprima creiamo la matrice contenente i dati andando a sistemare i dati passati in tre righe, quindi nominiamo sia le righe sia le colonne ed infine tracciamo il grafico corredato di titolo, etichette per gli assi e legenda (Figura 5.3).

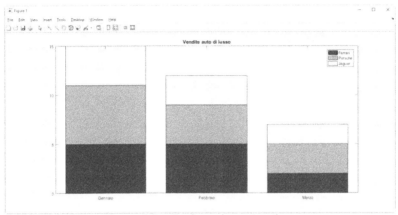

Figura 5.3 – Grafico a barre impilate.

Vediamo nel dettaglio i comandi appena utilizzati nell'esempio:

```
>> xticklabels({'Gennaio','Febbraio','Marzo'})
```

definisce l'etichetta per l'asse delle ascisse, in particolare un identificatore per ogni elemento che è rappresentato sull'asse;

```
>> legend('Ferrari','Porsche','Jaguar')
```

definisce una legenda per il grafico:

```
>> title('Vendite auto di lusso')
```

ne definisce infine il titolo.

Nelle pagine precedenti abbiamo visto che l'opzione `'stacked'` ci consente di scegliere tra grafico a barre impilate e grafico a barre raggruppate; vediamo allora, utilizzando lo stesso esempio, come sia possibile ottenere tale tipologia di grafico (Figura 5.4).

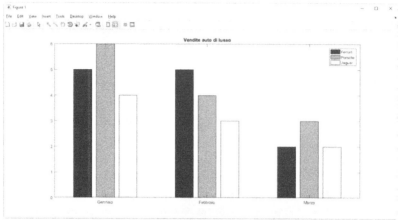

Figura 5.4 – Grafico a barre raggruppate.

Come abbiamo potuto vedere, i nomi delle colonne della matrice che rappresentano in entrambi i casi appena visti le barre impilate e i gruppi di barre, sono stati impostati attraverso l'utilizzo della funzione xticklabels().

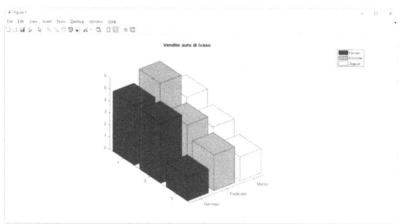

Figura 5.5 – Grafico a barre raggruppate tridimensionale.

Ma l'ambiente MATLAB ci offre la possibilità di tracciare grafici tridimensionali utilizzando opportunamente delle specifiche funzioni.

Ad esempio, per rappresentare i dati appena utilizzati con un diagramma a barre tridimensionali (per distinguere in maniera più precisa le differenze tra gli andamenti delle vendite di auto di lusso), possiamo utilizzare la funzione bar3(). Vediamo come:

```
>> bar3(y)

>> xticklabels({'Gennaio','Febbraio','Marzo'})

>> legend('Ferrari','Porsche','Jaguar')

>> title('Vendite auto di lusso')
```

Che produce il grafico mostrato nella Figura 5.5. Anche per tale tipologia di grafici è possibile aggiungere l'opzione `'stacked'` che ci consente di tracciare un grafico a barre impilate (Figura 5.6).

```
>> bar3(y,'stacked')

>> yticklabels({'Gennaio','Febbraio','Marzo'})

>> legend('Ferrari','Porsche','Jaguar')

>> title('Vendite auto di lusso')
```

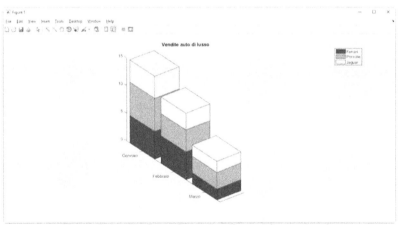

Figura 5.6 – Grafico a barre impilate tridimensionale.

In MATLAB è possibile altresì tracciare dei grafici a barre sovrapposte dove cioè ad ogni barra è sovrapposta una ulteriore barra per meglio illustrare le differenze.

Nell'esempio che propongo è spiegato come sovrapporre due grafici a barre e come specificare i colori delle barre e le relative larghezze. Inoltre, è mostrato come aggiungere una leggenda, visualizzare le linee della griglia, e specificare le etichette dei singoli valori.

Supponiamo di voler confrontare i livelli di agenti inquinanti (PM10 in μg/m³) registrati in due anni successivi misurati nelle stesse posizioni in diverse città italiane. Per iniziare definiamo i due vettori:

```
>> x=[20 25 30 45 55];
```

```
>> y=[15 20 25 40 50];
```

Impostiamo la larghezza della barra a **0,5** in modo che le barre andranno ad occupare il **50%** dello spazio disponibile sull'asse. Inoltre specifichiamo il colore della barra impostando la proprietà `FaceColor` con un valore relativo al codice RGB del colore prescelto.

```
>> w1 = 0.5;
```

```
>>bar(x,w1,'FaceColor',[0.2 0.2 0.5])
```

Tracciamo a questo punto un secondo grafico a barre sovrapponendo in parte il primo grafico a barre. Per fare questo utilizzeremo la funzione `hold on` per aggiungere tale grafico al primo.

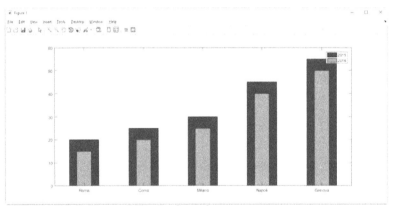

Figura 5.7 – Grafico a barre sovrapposte.

Impostiamo inoltre la larghezza della barra a **0.25** in modo che le barre utilizzino il **25%** dello spazio disponibile. Infine specifichiamo un diverso valore di codice RGB per il colore della barra (Figura 5.7).

Vediamo ora come combinare un grafico a linee e un grafico a barre utilizzando due differenti assi delle ordinate. Per fare questo creeremo un grafico con due assi y utilizzando la funzione yyaxis(). L'utilizzo di tale funzione renderà attivo il lato del grafico specificato con l'opzione left e right. Inizieremo con il tracciare un grafico a barre utilizzando l'asse y di sinistra (yyaxis left), proseguiremo quindi con il tracciare un grafico a linee utilizzando l'asse y di destra. Assegneremo infine l'oggetto grafico a barre e l'oggetto grafico a linea alle rispettive variabili. Iniziamo con il definire i due vettori che conterranno rispettivamente i valori relativi alle misure dei livelli di agenti inquinanti (PM10 in µg/m³) e delle temperature effettuate in cinque città italiane.

```
>> conc=[20 25 30 45 55];
```

```
>> temp=[25 22 21 27 23];
```

Tracciamo a questo punto i grafici assegnando ad ognuno dei due assi verticali (left e right) i rispettivi grafici.

```
>> yyaxis left
```

```
>> a = bar(conc);
```

```
>> yyaxis right
```

```
>> b = plot(temp);
```

Quindi aggiungiamo le etichette per l'asse delle ascisse.

```
>> xticklabels({'Roma','Como','Milano','Napoli','Genova'})
>> xlabel('Città')
```

Infine quelle per i due assi delle ordinate e la legenda.

```
>> yyaxis left
```

```
>>ylabel('Concentrazione PM10')
```

```
>>yyaxis right
```

```
>>ylabel('Temperatura (\circC)')
```

```
>> legend('Concentrazione PM10','Temperatura')
```

Il risultato è mostrato nella Figura 5.8.

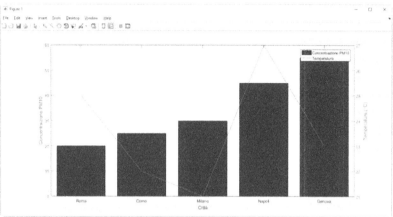

Figura 5.8 – Combinazione di due grafici nella stessa figura.

Istogrammi

L'istogramma è la rappresentazione grafica di una distribuzione in classi di un carattere continuo. È costituito da rettangoli adiacenti (**bin**), le cui basi sono allineate su un asse orientato e dotato di unità di misura (l'asse assume l'unità di misura del carattere e può tranquillamente essere inteso come l'asse delle ascisse). L'adiacenza dei rettangoli dà conto della continuità del carattere. Ogni rettangolo ha base di lunghezza pari all'ampiezza della corrispondente classe; l'altezza invece è calcolata come densità di frequenza, ovvero essa è pari al rapporto fra la frequenza (assoluta) associata alla classe e l'ampiezza della classe.

L'area della superficie di ogni rettangolo coincide con la frequenza associata alla classe cui il rettangolo si riferisce e per tale caratteristica gli istogrammi rappresentano un tipo di areogramma. La somma delle aree dei rettangoli è uguale alla somma delle frequenze dei valori appartenenti alle varie classi.
L'istogramma è quindi una rappresentazione grafica di una distribuzione di frequenza di una certa grandezza, ossia di quante volte in un insieme di dati si ripete lo stesso valore. In ambiente

MATLAB è possibile creare istogrammi con la funzione `histogram()`, che nella forma più semplice assume la forma:

```
histogram(x)
```

dove `x` rappresenta un vettore di valori numerici. Gli elementi in `x` sono ordinati in `10 bin`, equidistanti lungo l'asse `x`, tra i valori massimo e minimo di `x`. La funzione `histogram()` visualizza i bin come rettangoli, tali che l'altezza di ciascun rettangolo indichi il numero di elementi nel bin relativo.

Se l'ingresso è un array multi-colonna cioè una matrice, la funzione `histogram()` crea un istogramma per ciascuna colonna di `x` distinguendoli con colori differenti. Se il vettore d'ingresso contiene dati del tipo categoriale, ogni bin rappresenta una categoria di `x`.

Per capire il funzionamento della funzione `histogram()` analizziamo una serie di esempi. Partiremo da un caso semplice in cui andremo a diagrammare una serie di valori derivanti da un test eseguito su un numero di utenti, rappresentativo della popolazione in esame. Tale test ha fornito i risultati che inseriremo quali elementi di un vettore che rappresenterà l'argomento della funzione `histogram()`:

```
> vettore=[10,25,12,13,33,25,44,50,43,26,38,32,31,28,30];

> histogram(vettore)
```

Nell'utilizzo della funzione, in questo caso non abbiamo fornito alcun argomento opzionale, così MATLAB ha stabilito in modo automatico il numero di classi di frequenze in cui suddividere il range di valori; nella fattispecie l'intervallo tra dieci e cinquanta (valori estremi), è stato suddiviso in dieci classi (Figura 5.9).

Inoltre nulla è stato impostato relativamente al titolo del grafico ne all'etichette degli assi; in questo caso MATLAB ha inserito dei numeri che si riferiscono al valore centrale di ogni bin per l'asse orizzontale e dei valori equispaziati per l'asse verticale.

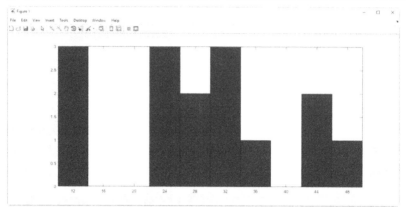

Figura 5.9 – Istogramma di una distribuzione continua.

Vediamo, invece, cosa accade quando impostiamo il numero di bin (rettangoli), un titolo e delle etichette per gli assi e infine il colore che dovranno assumere i rettangoli.

```
>> vettore=[10,25,12,13,33,25,44,50,43,26,38,32,31,28,30,15,16,
           22,35,18];

>> histogram(vettore,12)

>> xlabel('Risultati')

>> ylabel('Frequenza')

>> title('Sondaggio di soddisfazione')

>> FaceColor = [0 0.5 0.5];

>> h = findobj(gca,'Type','patch');

>> h.FaceColor = [0 0.5 0.5];
```

Analizziamo nel dettaglio i comandi appena introdotti:

```
histogram(vettore,12)
```

ci consente di impostare il numero di bin, nel nostro caso dodici;

```
>> xlabel('Risultati')

>> ylabel('Frequenza')
>> title('Sondaggio di soddisfazione')
```

imposta l'etichetta per l'asse x, l'etichetta per l'asse y e il titolo del grafico.

Infine per impostare il colore dei rettangoli, dapprima creiamo un identificatore per l'oggetto che ha creato il nostro diagramma di modo da poterlo individuare in modo univoco:

```
>> h = findobj(gca,'Type','patch');
```

quindi impostiamo il colore delle barre del grafico con un valore del codice RGB pari a [0 0.5 0.5] che corrisponde al verde.

```
>> h.FaceColor = [0 0.5 0.5];
```

Il risultato è riportato nella Figura 5.10.

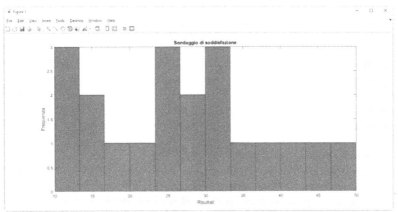

Figura 5.10 – Istogramma con numero di bin impostato dall'utente.

Com'è possibile verificare il numero di bin presenti nel grafico corrisponde esattamente al numero che abbiamo specificato nel comando, questo è dovuto al fatto che la funzione histogram() accetta diverse opzioni, nel nostro caso abbiamo aggiunto al vettore contenente i dati il numero di bin. Se si desidera un maggiore controllo sul numero esatto dei bin, è possibile indicare i punti di interruzione tra di essi, attraverso l'utilizzo di un'opzione, fornendogli cioè un vettore che contiene l'intervallo di valori in cui si desidera suddividere i dati. Vediamolo con un esempio: in questo caso lo stesso vettore che abbiamo utilizzato negli esempi precedenti sarà rappresentato suddividendo l'intervallo in quattro bin. Per fare questo definiremo un nuovo vettore che conterrà l'intero intervallo suddiviso dal valore minimo al valore massimo con passo 10.

```
>> vettore=[10,25,12,13,33,25,44,50,43,26,38,32,31,28,30,15,16,
          22,35,18];

>> nbin=10:10:50;

>> histogram(vettore,nbin)

>> xlabel('Risultati')

>> ylabel('Frequenza')

>> title('Sondaggio di soddisfazione')

>> FaceColor = [0 0.5 0.5];

>> h = findobj(gca,'Type','patch');

>> h.FaceColor = [0 0.5 0.5];
```

Ottenendo in questo modo una differente ripartizione delle classi, così come riportato nella Figura 5.11.

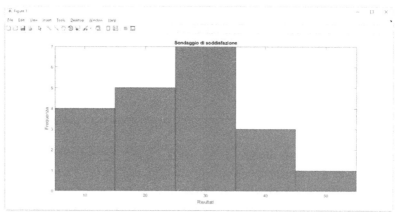

Figura 5.11 – Istogramma con intervallo tra bin impostato dall'utente.

Nell'analisi dei dati, accade spesso di essere maggiormente interessati alla densità di frequenza, rispetto alla frequenza stessa, dal momento che la frequenza è relativa alla dimensione del campione. Allora, invece di contare il numero di occorrenze del campione per classe, MATLAB ci può fornire le densità di probabilità utilizzando l'opzione `'Normalization','pdf'`. Vediamo come fare partendo come sempre da un semplice esempio: definiamo a tal proposito un nuovo vettore che contiene **1000** valori generati automaticamente ed in modo random da MATLAB, e tracciamo il relativo istogramma (Figura 5.12):

```
>> vettore = randn(1000,1);

>> histogram(vettore,'Normalization','pdf')
```

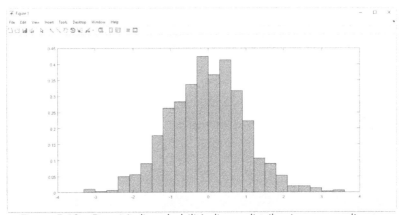

Figura 5.12 – Densità di probabilità di una distribuzione normalizzata.

Dall'analisi della Figura 5.12, possiamo notare che l'asse delle y ora ci fornisce una misura della densità della probabilità che un campione ricada in tale classe. Se i punti d'interruzione sono e-quidistanti, allora l'altezza di ogni rettangolo è proporzionale al numero di punti che ricadono nella classe, e quindi la somma di tutte le densità di probabilità è pari a uno.

Per avere delle informazioni più dettagliate sui risultati che si ot-tengono dall'applicazione della funzione `histogram()`, possiamo salvare tali dati in una variabile oltreché utilizzarli per tracciare il grafico. Possiamo fare questo salvando l'uscita della funzione in una variabile, ottenendo in questo modo non solo l'output dell'istogramma, ma il grafico.

```
>> data=histogram(vettore,'Normalization','pdf')
data =
  Histogram with properties:
```

```
          Data: [1000×1 double]
        Values: [1×23 double]
       NumBins: 23
      BinEdges: [1×24 double]
      BinWidth: 0.3000
     BinLimits: [-3.3000 3.6000]
 Normalization: 'pdf'
     FaceColor: 'auto'
     EdgeColor: [0 0 0]
  Show all properties
```

In questo modo avremo creato un oggetto che contiene tutte le informazioni necessarie alla creazione del nostro grafico (Figura 5.13). Se consultiamo MATLAB per conoscere la classe dell'oggetto appena creato, otteniamo:

```
>> class(data)

ans =

matlab.graphics.chart.primitive.Histogram
```

Figura 5.13 – Finestra d'ispezione dell'oggetto data.

Per consultare delle specifiche informazioni contenute nell'oggetto data potremo procedere nel modo seguente:

```
>> data.NumBins

ans =
    23
```

In questo modo saremo in grado di ricavare il numero di bin in cui è stato suddiviso l'intervallo di distribuzione dei valori. Mentre per conoscere gli estremi dei bin utilizzati scriveremo:

```
>> data.BinEdges

ans =

  Columns 1 through 11

   -3.3000    -3.0000    -2.7000    -2.4000    -2.1000    -1.8000    -
       1.5000   -1.2000    -0.9000    -0.6000    -0.3000

  Columns 12 through 22

   0         0.3000     0.6000     0.9000     1.2000     1.5000
       1.8000    2.1000     2.4000     2.7000     3.0000

  Columns 23 through 24

   3.3000     3.6000
```

Grafici a torte

Il diagramma circolare, spesso indicato con il termine di grafico a torta o areogramma è un metodo utilizzato in statistica descrittiva per rappresentazioni grafiche di variabili quantitative misurate su classi di categorie (valori nominali), al fine di evitare di stabilire, anche involontariamente, un ordine che non esiste nelle categorie (cosa che accadrebbe utilizzando un istogramma).
Un grafico a torta è costruito dividendo un cerchio in spicchi le cui ampiezze angolari sono proporzionali alle classi di frequenza. Come per l'istogramma, le aree sono proporzionali alle frequenze.

Creiamo un semplice grafico a torta con la funzione pie(). Come sempre, creiamo un vettore di numeri e poi tracciamo il relativo grafico:

```
>> vettore =[3, 6, 5, 7, 14, 15, 18];
```

Creiamo quindi il grafico a torta, utilizzando il comando `pie()`, che nella sua forma più semplice prevede una sintassi del tipo (Figura 5.14):

```
> pie(vettore)
```

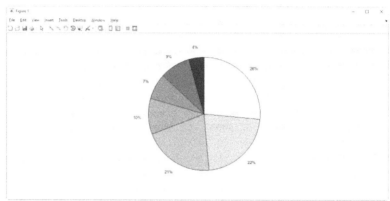

Figura 5.14 – Esempio di grafico a torta.

Cerchiamo ora di personalizzare il nostro grafico che con il comando precedente era stato realizzato in un forma troppo semplice.

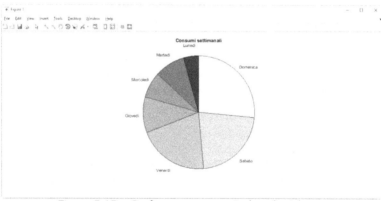

Figura 5.15 – Grafico a torta con titolo ed etichette.

Creiamo allora un grafico a torta, inserendo un titolo e delle opportune etichette per gli spicchi (Figura 5.15).

```
>> vettore =[3, 6, 5, 7, 14, 15, 18];
```

```
>> labels={'Lunedì','Martedì','Mercoledì','Giovedì',
           'Venerdì','Sabato','Domenica'};

>> pie(vettore,labels)

>> title('Consumi settimanali')
```

Per rendere più visibili le sezioni di un grafico a torta senza modificarne i dati, è possibile estrarre una singola sezione, o più sezioni oppure estrarre l'intero grafico a torta. Tali procedure si rendono, a volte, necessarie per attirare l'attenzione su una singola sezione di un grafico a torta, spostandola verso l'esterno rispetto al resto del grafico.

Per fare questo utilizzeremo sempre la funzione `pie()` ma aggiungendo l'opzione `explode`:

```
>> pie(X,explode)
```

Dove la variabile `explode` rappresenta un vettore di `1` e `0` con un numero di elementi pari al vettore che si vuole rappresentare mediante il grafico.

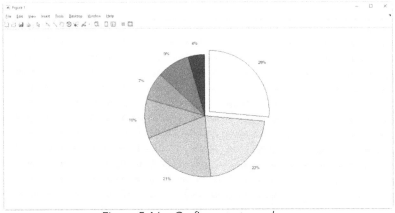

Figura 5.16 – Grafico a torta esploso.

Laddove si desidera estrarre una fetta della torta si inserirà il valore 1 mentre laddove si necessita di lasciare la fetta inalterata si aggiungerà uno 0. Vediamo un esempio:

```
>> explode=[0 0 0 0 0 0 1];
>> pie(vettore,explode)
```

In questo caso l'unico elemento del grafico estratto, così da metterlo in evidenza, è stato l'ultimo con il risultato mostrato nella Figura 5.16.

È possibile creare dei grafici a torte tridimensionali utilizzando la funzione pie3(). Tale funzione disegna un grafico a torta tridimensionale utilizzando i dati contenuti in un array. Ogni elemento dell'array è rappresentato come una fetta del grafico a torta.
Se la somma degli elementi del vettore risulta ≤ 1, allora tali valori rappresentano direttamente l'area delle sezioni della torta. Se la somma degli elementi del vettore risulta <1, la funzione pie3() disegna solo una torta parziale.
Infine se la somma degli elementi del vettore è >1, allora pie3() normalizza tali valori attraverso la formula x/sum(x) (dove x rappresenta il nostro vettore) per determinare l'area di ogni sezione della torta.

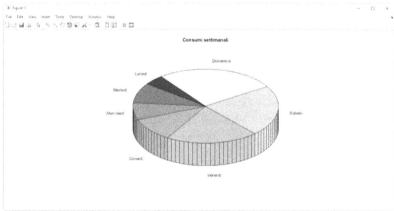

Figura 5.17 – Grafici a torta tridimensionali.

Vediamo un semplice esempio (Figura 5.17):

```
>> vettore =[3, 6, 5, 7, 14, 15, 18];

>> labels={'Lunedì','Martedì','Mercoledì','Giovedì','Venerdì',
           'Sabato','Domenica'};

>> pie3(vettore,labels)

>> title('Consumi settimanali')
```

Box plot

Il box plot, detto anche diagramma a scatola e baffi, è una rappresentazione grafica utilizzata per descrivere la distribuzione di un campione tramite semplici indici di dispersione e di posizione. Un box plot può essere rappresentato, con orientamento sia orizzontale sia verticale, tramite un rettangolo diviso in due parti, da cui escono due segmenti. Il rettangolo (scatola) è delimitato dal primo quartile (25th percentile) e dal terzo quartile (75th percentile), e diviso al suo interno dalla mediana (50th percentile) (Figura 5.18).

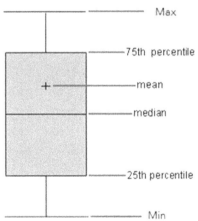

Figura 5.18 – Elementi statistici di un box plot.

I segmenti (baffi) sono delimitati dal minimo e dal massimo dei valori. In questo modo sono rappresentati graficamente i quattro intervalli ugualmente popolati delimitati dai quartili

Per comprendere la procedura di creazione di un tale grafico, utilizzeremo come esempio un set di dati fittizi creato ad hoc, utilizzando la funzione `normrnd()`, che genera sequenze casuali di dati normalmente distribuiti.

Tale funzione accetta quali parametri di input la media e la deviazione standard della distribuzione.

La sintassi di tale funzione è la seguente:

```
>> normrnd(mu,sigma)
```

dove `mu` rappresenta la media e `sigma` la deviazione standard della distribuzione Tali valori possono essere passati come vettori, matrici o array multidimensionali che avranno quindi la stessa dimensione, che rappresenterà anche la dimensione del valore di output.

Ad esempio il seguente codice:

```
>> r=normrnd(3,1,100,1);
```

genera `100` numeri (del tipo `floats`), aventi media pari a `3` e deviazione standard pari a `1`. Per generare il set di dati che adopereremo nell'esempio, utilizzeremo le seguenti istruzioni:

```
>> dati1=normrnd(3,2,100,1);
```

```
>> dati2=normrnd(2,1,100,1);
```

```
>> dati3=normrnd(6,2,100,1);
```

```
>> dati4=normrnd(8,0.5,100,1);
```

```
>> dati5=normrnd(4,4,100,1);
```

```
>> dati6=normrnd(5,1,100,1);
```

```
>> dati=[dati1 dati2 dati3 dati4 dati5 dati6];
```

Il codice appena visto genera una matrice con `100` righe e `6` colonne, ogni colonna rappresenta la distribuzione normalizzata con media e deviazione standard specificata.

Per la creazione del box-plot possiamo utilizzare la funzione `boxplot()`, nella sua forma più semplice, aggiungendo il nome del set di dati come unico argomento:

```
>>boxplot(dati)
```

Questo crea il grafico riportato nella Figura 5.19. Com'è possibile notare, si tratta già di un buon grafico, ma appare evidente che necessiti di alcuni aggiustamenti.

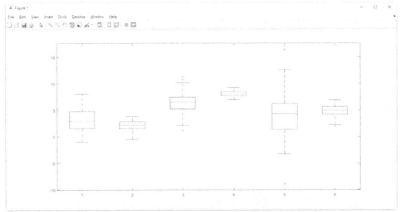

Figura 5.19 – Boxplot di una distribuzione normalizzata.

Il grafico mostrato nella Figura 5.19, si presenta in bianco e nero, i box-plot sono distribuiti uniformemente, anche se si riferiscono a diversi gruppi di osservazioni e non ci sono etichette sugli assi, quindi non risulta adeguato alle nostre esigenze. Dobbiamo allora cercare di migliorare il suo aspetto, attraverso l'impostazione di specifici parametri.

Per etichettare i dati utilizzeremo l'opzione `'Labels'`: tale opzione accetta array di caratteri, array di celle, o un vettore numerico che contiene i nomi delle etichette. Possiamo così specificare un'etichetta per il singolo valore o un'etichetta per ogni gruppo. Per specificare più variabili di etichette, sarà necessario utilizzare una matrice numerica o un array di celle che contiene uno qualsiasi dei tipi di dati accettati.

```
>> boxplot(dati,'Labels',{'mu = 3','mu = 2','mu = 6','mu = 8','mu =
            4','mu = 5'})
```

Vediamo poi come richiamare i nomi dei set di dati verticalmente, invece che in orizzontale. Questo può essere fatto facilmente con l'opzione `LabelOrientation` che accetta i seguenti valori: `inline` e `horizontal`.

Aggiungendo le etichette ai dati con orientamento verticale la chiamata alla funzione `boxplot ()` diventa (Figura 5.20):

```
>> boxplot(dati,'Labels',{'mu = 3','mu = 2','mu = 6','mu = 8','mu =
            4','mu = 5'}, 'LabelOrientation', 'inline')
```

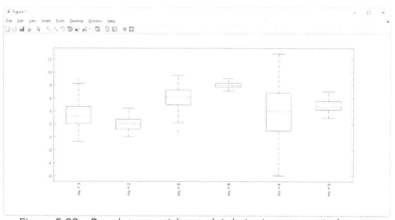

Figura 5.20 – Boxplot con etichette dei dati orientate verticalmente.

La forma del box può essere variata inserendo una rientranza in corrispondenza del valore della mediana. Per fare questo analizziamo un ulteriore esempio: generiamo a tal proposito due set di dati di esempio utilizzando ancora una vola la funzione `normrnd()`. Il primo campione, `vet1`, contiene numeri casuali generati da una distribuzione normale con `mu = 4` e `sigma = 2`. Il secondo campione, `vet2`, contiene numeri casuali generati da una distribuzione normale con `mu = 7` e `sigma = 0.5`.

```
>> vet1=normrnd(4,2,100,1);
```

```
>> vet2=normrnd(7,0.5,100,1);
```

Creiamo a questo punto il grafico box plot di forma diversa relativo alle due distribuzioni contenute nei due vettori appena creati. Per rendere il grafico più intuitivo, etichetteremo ogni box con il corrispondente valore di mu (media) (Figura 5.20).

```
>>figure
>>boxplot([vet1,vet2],'Notch','on','Labels',{'mu = 4','mu = 7'})
>>title('Confronto tra due distribuzioni')
```

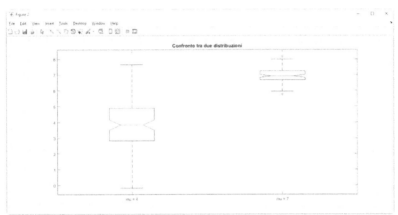

Figura 5.21 – Boxplot con opzione 'Notch'.

Diagrammi polari

Quando abbiamo a che fare con grandezze che variano in funzione degli angoli, risulta conveniente tracciare l'andamento delle curve attraverso diagrammi polari. MATLAB include la funzione polarplot(), grazie alla quale possiamo tracciare diagrammi polari mediante l'indicazione della variazione dell'angolo e del raggio della grandezza misurata. Ecco un esempio di sintassi della funzione polarplot():

```
>> polarplot(theta, rho)
```

che traccia un diagramma utilizzando le coordinate polari, e cioè l'angolo THETA contro il raggio RHO. Invece, la seguente sintassi:

```
>> polarplot(theta,rho,s)
```

è utilizzata per specificare lo stile di linea attraverso la stringa s. Vediamo subito un esempio: si voglia tracciare l'andamento della funzione `sin^2(x)`.

```
>> x=0:0.1:2*pi;

>> y=sin(x).^2;

>> polarplot(x,y)
```

Otteniamo in questo modo il diagramma riportato in Figura 5.22.

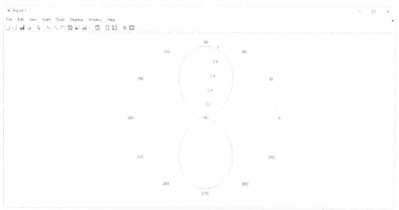

Figura 5.22 - Diagramma polare della funzione sin²(x).

Proseguiamo con un ulteriore esempio; si voglia analizzare l'andamento della funzione `sin(2x)*cos(2x)`:

```
>> x=0:0.1:2*pi;

>> z=sin(2*x).*cos(2*x);

>> polarplot(x,z)
```

Si ottiene così il diagramma riportato in Figura 5.23.
Passiamo ad un ulteriore esempio: questa volta tracceremo un andamento elicoidale; per fare questo definiremo ancora una volta un vettore contenente i valori in radianti definiti tra `0` e `2*π` πcon passo pari a `0.1`.

```
>> x=0:0.1:2*pi;
```

Quindi definiremo un nuovo vettore con valori crescenti e legati ai valori contenuti in x:

```
>> y = 0.01*x/15;
```

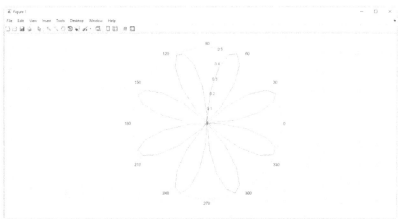

Figura 5.23 - Diagramma polare della funzione sin(2x)*cos(2x).

Infine provvederemo a tracciare il diagramma polare (Figura 5.24).

```
>> polarplot(x,y)
```

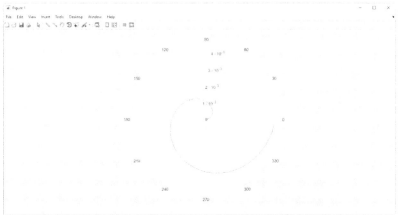

Figura 5.24- Diagramma polare della funzione y = 0.01*x/15.

Lo stesso diagramma può essere realizzato aggiungendo due linee che saranno evidenziate attraverso l'utilizzo di due colori distinti (Figura 5.25).

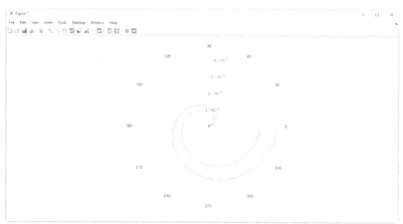

Figura 5.25- Diagramma polare con più tracciati.

Infine vediamo come tracciare un diagramma polare partendo da valori complessi; anche in questo caso si tratta di semplici comandi. Supponiamo di avere a disposizione un vettore contenente valori complessi:

```
>> zeta = [1+2i 1 -2+3i 2-5i 4+3i -5-3i -3+2i -1 -4i 2i-3i];
```

Figura 5.26- Diagramma polare di valori complessi.

A questo punto basterà utilizzare la funzione `polarplot()` indicando il vettore complesso e specificando il marcatore che sarà utilizzato per identificare i valori sul diagramma complesso (Figura 5.26).

```
>> polarplot(zeta,'*')
```

Grafici tridimensionali

L'ambiente MATLAB presenta una serie di metodi per la costruzione di grafici tridimensionali, ognuno dei quali prevede l'uso di una particolare funzione grafica.

Iniziamo questa descrizione con l'analisi della funzione `plot3()`; tale funzione richiede che le siano forniti tre vettori, in cui leggere rispettivamente le tre coordinate x, y e z. La sintassi del comando è quindi la seguente:

```
>>plot3(x,y,z)
```

In questo caso MATLAB traccia il grafico tridimensionale unendo punto per punto le coordinate fornite con i tre vettori. Per personalizzare il grafico è possibile aggiungere alle tre coordinate ulteriori tre caratteri, per indicare il colore della linea, il marcatore e il tipo di linea.

In modo analogo si possono fornire alla funzione `plot3()`, tre matrici al posto dei tre vettori; in questo caso MATLAB disegnerà un curva utilizzando le tre colonne omologhe delle tre matrici (per esempio le prime tre colonne per la prima curva e così via).
Come esempio costruiamo una piramide `wireframe`, cioè una piramide costituita solo dalle linee che collegano i suoi vertici. Quello che dovremo fare è costruire tre vettori x, y e z che contengano le coordinate dei vertici della piramide.
Naturalmente, per costruire correttamente la piramide dovremo tenere conto anche degli spigoli laterali; allora, immetteremo tre vettori del tipo:

```
>> x=[0 1 1 0 0 0.5 1 1 0.5 0];
>> y=[0 0 1 1 0 0.5 1 0 0.5 1];
```

```
>> z=[0 0 0 0 0 0.5 0 0 0.5 0];
```

Quindi, utilizzeremo la funzione `plot3()` per tracciare il grafico:

```
>> plot3(x,y,z)
```

Ottenendo un risultato simile a quello riportato in Figura 5.26.

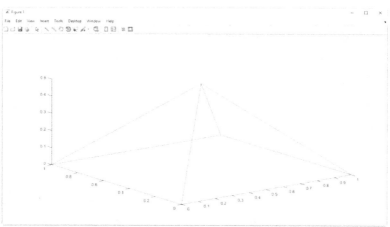

Figura 5.27 - Piramide wireframe con la funzione plot3().

Un'ulteriore esempio dell'utilizzo della funzione `plot3()` è quello della costruzione di un tracciato elicoidale. Per fare questo definiremo ancora una volta tre vettori: il primo conterrà valori tra `0` e `15* π` con passo pari a `π/50`, il secondo conterrà la funzione `sin()` di tali valori ed infine il terzo la funzione `cos()` dei valori contenuti nel primo vettore.

```
>>x = 0:pi/50:15*pi;
```

```
>>y= sin(x);
```

```
>>z = cos(x);
```

A questo punto utilizzeremo ancora una volta la funzione `plot3()` per tracciare l'elica (Figura 5.28).

```
>>plot3(x,y,z)
```

Vediamo ora come tracciare delle superfici a partire dai nostri dati; MATLAB definisce una superficie dalle coordinate z dei punti disposti su di una griglia nel piano x-y, utilizzando linee diritte per connettere punti adiacenti.

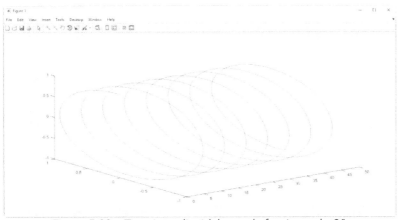

Figura 5.28 – Tracciato elicoidale con la funzione plot3().

Analizzeremo dapprima la funzione mesh() per poi passare alla funzione surf(): in entrambi i casi sono tracciate superfici in tre dimensioni. La funzione mesh(), in particolare, produce superfici wireframe colorando solamente le linee che connettono i punti definiti.

Per comprendere meglio i concetti tracceremo un diagramma di una funzione di due variabili, z = f (x,y). Per fare questo è necessario generare due matrici x e y costituite da righe e colonne ripetute, rispettivamente, sul dominio della funzione. Poi bisogna usare queste matrici per valutare e tracciare la funzione.

Per generare le matrici ci faremo aiutare dalla funzione meshgrid() che trasforma nel dominio specifico un singolo vettore o due vettori x e y in matrici x e y, per poi usarle nella valutazione della funzione di due variabili. Le righe di x sono copie del vettore x e le colonne di y sono copie del vettore y. La funzione bidimensionale che vogliamo rappresentare graficamente è z = x² + y², che rappresenta una superficie parabolica.

La prima cosa da fare è quella di generare una griglia rappresentata dai valori delle matrici x e y per il nostro diagramma. Si può pensare a questa griglia come a quella che si genera riportando la latitudine e la longitudine dei punti della superficie terrestre.

Ad ogni punto di tale griglia potremo, in seguito, associare un ulteriore dato quale ad esempio l'elevazione topografica.

```
>>x = -8:1:8;

>>y = -8:1:8;

>> [X,Y] = meshgrid (x,y);
```

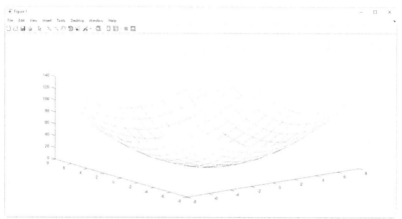

Figura 5.29 – Superficie wireframe.

Per generare i dati effettivi della variabile z, che sarà quella che poi andremo a rappresentare, tutto quello che dobbiamo fare è applicare ai dati contenuti nelle matrici x e Y (che sono le variabili ottenute dall'applicazione della funzione meshgrid() e non già i vettori x e y che invece rappresentano gli intervalli entro i quali tali variabili sono state calcolate), una specifica funzione; nella fattispecie la funzione $x^2 + y^2$, come già anticipato.

```
>> Z=Y.^2+X.^2;
```

Infine potremo generare il grafico della superficie (Figura 5.29).

```
>> mesh(Z)
```

Per aumentare la risoluzione della trama superficiale, tutto quello che dobbiamo fare è aumentare il numero di valori contenuti nei vettori **x** e **y**, che come detto rappresentano gli intervalli di valori di partenza.

```
>>x = -8:.1:8;
>>y = -8:.1:8;
>> [X,Y] = meshgrid (x,y);
```

In questo caso abbiamo provveduto a mantenere inalterato l'intervallo di valori ma cambiando il passo abbiamo potuto infittire il numero di punti della nostra griglia. Possiamo, a questo punto, ripetere i passaggi già visti in precedenza alfine di generare la superficie (Figura 5.30).

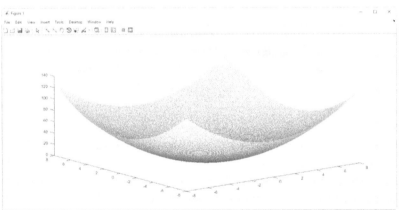

Figura 5.30 – Superficie wireframe con maggiore risoluzione.

```
>>Z=Y.^2+X.^2;
>>mesh(Z)
```

Passiamo ad analizzare la funzione **surf()** che, come anticipato, rappresenta un ulteriore strumento utile alla rappresentazione di una superficie, dalle coordinate **z** dei punti disposti su di una griglia nel piano **x-y** usando linee diritte per connettere punti adiacenti.

Tale funzione rappresenta, appunto, una superficie con l'ausilio del colore, tracciando le linee che connettono i punti e colorando le facce della superficie.

Per comprendere il suo funzionamento, diagrammeremo, ancora una volta, una funzione di due variabili, ma questa volta utilizzeremo la funzione seno cardinale (sinc(x)) che è definita come sin(r)/r valutata lungo le due direzioni x e y. Vediamo come:

```
>>x = -8:.1:8;
>>y = -8:.1:8;
>> [X,Y] = meshgrid (x,y);
```

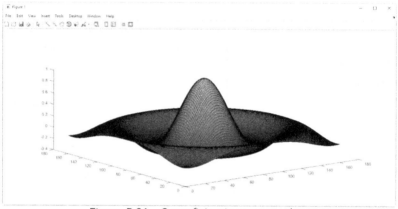

Figura 5.31 – Superficie piena con ombre.

Abbiamo ancora una volta generato la griglia di punti, procediamo ora a valutare la funzione scelta in tali punti:

```
>>R = sqrt(X.^2 + Y.^2) + eps;
>>Z = sin(R)./R;
```

In questo esempio, R rappresenta la distanza dall'origine, che si trova al centro della matrice. Aggiungendo la funzione eps si evita il rischio di incorrere nell'indeterminato 0/0 all'origine.

Procediamo infine a tracciare il grafico (Figura 5.31).

```
>>surf(Z)
```

Animazioni

L'ambiente MATLAB ci offre anche la possibilità di generare ani-
mazioni dai grafici creati con i comandi visti in precedenza. Tale
possibilità può risultare utile nei casi in cui i nostri calcoli debbano essere inseriti in una presentazione interattiva.

La procedura più semplice ci permette di animare un puntino lu-
minoso, che si muove su una traiettoria e che pian piano costrui-
sce un grafico di tipo parametrico. Nel caso di grafici bidimen-
sionali utilizzeremo la funzione `comet()`, mentre in ambiente tridimensionale useremo la corrispondente funzione `comet3()`.

La funzione `comet()` visualizza un grafico a cometa a partire da un
vettore. Un grafico a cometa è un grafico animato in cui un cerchio (la testa della cometa) traccia dei punti sullo schermo. Il corpo della cometa è un segmento che segue la testa mentre la coda è una linea continua che ripercorre l'intera funzione. Vediamo
un semplice esempio:

```
>>t = 0:.01:2*pi;
>>x = cos(2*t).*(cos(t).^2);
>>y = sin(2*t).*(sin(t).^2);
>>comet(x,y);
```

Nell'animazione che ne consegue si vede il cerchio (testa della
cometa) descrivere la traiettoria definita dai valori dei vettori x e
y. Lo stesso esempio può essere utilizzato per analizzare le caratteristiche della funzione `comet3()` (Figura 5.32).

```
>> t = -10*pi:pi/250:10*pi;
>>x = cos(2*t).*(cos(t).^2);
>>y = sin(2*t).*(sin(t).^2);
>>comet3(x,y,t);
```

Un'altra possibilità offertaci da MATLAB, sempre riguardo le ani-
mazioni, è quella di utilizzare le immagini create con i comandi

grafici come singoli fotogrammi di un film, mediante i comandi `movie()`, `moviein()` e `getframe()`.

La funzione `movie()` ci consente di riprodurre un filmato definito da una matrice le cui colonne sono fotogrammi di un film (di solito prodotte attraverso l'utilizzo della funzione `getframe()`).
La funzione `moviein()` memorizza una matrice di dimensioni adeguate per il suo successivo funzionamento nella funzione `getframe()`.

La funzione `getframe()` cattura gli assi attuali così come appaiono sullo schermo, e li memorizza sottoforma di fotogrammi di un filmato. Il risultato sarà una struttura contenente dei dati d'immagine.

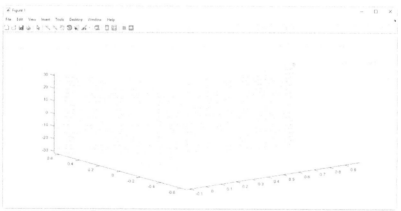

Figura 5.32 – Animazione tridimensionale.

Capitolo sesto
Strutture per il controllo del flusso

Le strutture di controllo rappresentano dei costrutti sintattici che disciplinano il controllo del flusso di esecuzione di un programma; in altre parole servono a specificare se, quando, in quale ordine e quante volte devono essere eseguite le istruzioni che lo compongono. In questo capitolo analizzeremo nel dettaglio, gli strumenti che MATLAB ci mette a disposizione, per controllare il flusso delle operazioni; vedremo come inserire nei nostri script delle istruzioni di diramazione così come analizzeremo i cicli iterativi.

Il flusso delle informazioni

Nella realizzazione di programmi complessi, si deve ricorrere spesso a strutture che indirizzino il normale flusso delle operazioni in una direzione piuttosto che in un'altra. Questo perché l'esecuzione sequenziale del codice, passo dopo passo, è adottata solo per la stesura di semplici programmi, di solito quelli che sono proposti come esempio a scopo didattico; nei capitoli precedenti abbiamo potuto analizzare diversi esempi di programmi sequenziali.

In altri casi è necessario disporre di costrutti che ci permettano di eseguire calcoli diversi a seconda dei valori assunti da alcune variabili; cioè di istruzioni che ci consentano di controllare l'ordine con il quale, le righe di codice che formano il programma, siano eseguite.

L'ambiente MATLAB è dotato di diverse strutture per il controllo del flusso logico delle operazioni; tali strutture hanno la forma di un blocco d'istruzioni che presentano delle chiavi speciali identificative di particolari proprietà. In questo modo è identificata la parte iniziale del blocco attraverso la chiave iniziale e la struttura dell'istruzione attraverso le chiavi intermedie, infine la parte finale attraverso la chiave di chiusura. L'ingresso a tali strutture è consentito esclusivamente attraverso la chiave iniziale; tali blocchi possono presentarsi innestati, nel senso che una struttura di controllo può essere inserita all'interno di un'altra struttura.

Come nel caso di altre istruzioni composte, le istruzioni di controllo del flusso sono costituite da un'intestazione, da un blocco di istruzioni e da una parola chiave di chiusura:

```
intestazione
    istruzione 1
    ...
    ultima istruzione
end
```

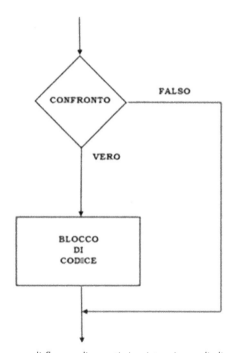

Figura 6.1 – Diagramma di flusso di una tipica istruzione di diramazione.

L'intestazione della struttura ha inizio con una nuova riga di codice caratterizzata dalla parola chaive che identifica la specifica struttura di controllo del flusso. Seguono poi una serie d'istruzioni indentate che rappresentano il blocco d'istruzioni. C'è poi una parola "chiave" che termina la struttura e determina la fine del blocco d'istruzioni.

Le strutture per il controllo del flusso si dividono in due grandi famiglie, a seconda del tipo di istruzioni che disciplinano:

1) `istruzioni di diramazione` – consentono di eseguire specifiche sezioni di codice;

2) `cicli` – consentono di ripetere più volte l'esecuzione di una parte del codice.

Vediamo allora, analizzandole nel dettaglio, le istruzioni associate a queste due tipologie.

La struttura IF

Le istruzioni di diramazione, come già anticipato, permettono di eseguire specifiche sezioni del programma; sono anche dette istruzioni di salto in quanto ci danno la possibilità di saltare da un punto all'altro del codice attraverso una semplice istruzione.

La struttura `if` rappresenta una istruzioni condizionale di diramazione, nel senso che permette di eseguire specifiche sezioni del programma al verificarsi di una specifica condizione. Nella fattispecie tale struttura valuta un'espressione logica ed esegue un gruppo di asserzioni quando l'espressione è vera.

La chiave `elseif` permette di specificare casualità non definite da `if` mentre la chiave `else` permette di stabilire cosa accade nel caso la condizione imposta da `if` non si avveri; queste due ultime chiavi sono opzionali e come abbiamo visto provvedono ad eseguire gruppi alternati di asserzioni.

I gruppi di asserzioni sono delineati da queste tre chiavi e sono previste parentesi nel costrutto, ricordiamo poi che la struttura ha termine dalla parola chiave `end` che segue il costrutto. Vediamo allora il costrutto dello statement `if`:

```
if condizione
    I blocco istruzioni
elif condizione
    II blocco istruzioni
elif condizione
    III blocco istruzioni
else
    IV blocco istruzioni
end
```

Analizziamo quindi lo statement `if` in un semplice esempio:

```
if a>b
    a è maggiore di b
elif a<b
    a è minore di b
else
    a è uguale a b
end
```

In questo esempio, i tre casi sono mutuamente esclusivi, ma se ciò non fosse sarebbe eseguita la prima condizione vera. Tutto questo assume un'importanza fondamentale al fine di capire come gli operatori relazionali e le strutture if lavorano.
Vediamo ora il diagramma di flusso della struttura if considerata nell'esempio precedente (Figura 6.2).

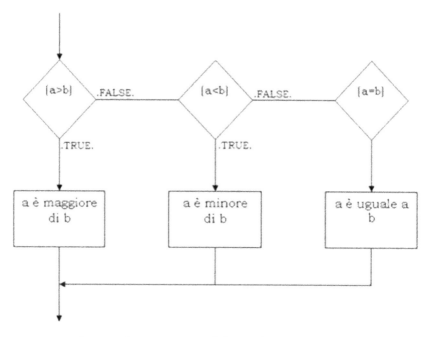

Figura 6.2 – Diagramma di flusso di una struttura IF.

Il costrutto if può essere utilizzato anche con una sola verifica di condizione, nella forma:

```
if condizione
    blocco istruzioni
end
```

in tal caso, se si verifica la condizione è eseguito il blocco d'istruzioni specificato, altrimenti si passa subito alla successiva istruzione eseguibile che compare nel programma.

Infine per comprendere meglio l'utilizzo del costrutto if ci faremo aiutare da un classico esempio di programmazione: la determinazione delle radici di un'equazione di secondo grado. Sia data un'equazione di secondo grado nella forma:

ax^2+bx+c=0

Come tutti sappiamo il tipo di radici di un'equazione di tale tipo dipende dal valore assunto dal suo discriminante e cioè dal termine:

Δ = b^2 - 4 a c

Allora si possono presentare tre condizioni mutuamente esclusive:
1) Δ > 0 – l'equazione ammette due radici reali e distinte;
2) Δ = 0 – l'equazione ammette due radici reali e coincidenti;
3) Δ < 0 – l'equazione ammette due radici complesse e coniugate;

Poiché come peraltro indicato, le soluzioni si escludono a vicenda, la ricerca delle radici di un'equazione di secondo grado rappresenta un classico esempio di applicazione del costrutto if. Per comprendere il funzionamento del costrutto ho implementato un algoritmo per la determinazione delle radici di un'equazione di secondo grado.

Nella costruzione del programma per la determinazione delle radici di un'equazione di secondo grado ho preferito, per rendere il programma più usabile, inserire i dati dell'equazione da tastiera. A tal proposito MATLAB fornisce un insieme di funzioni predefinite che permettono di inserire dati da tastiera.

La più semplice di esse è la funzione input. Quando è inserita una chiamata a tale funzione il programma si ferma ed attende che l'operatore inserisca l'informazione, confermando poi l'inserimento con il tasto Invio (o Enter). A quel punto il programma riprende e la funzione input fornisce ciò che l'operatore ha inserito:

```
>> nome = input('Digita il tuo nome ','s')
Digita il tuo nome Giuseppe

nome =

Giuseppe
```

Analizzando il codice appena proposto è possibile verificare che all'atto della chiamata della funzione input è stato stampato un messaggio a video che ha avvisato l'operatore di ciò che deve essere inserito. Questo messaggio è chiamato prompt e può essere passato come argomento alla funzione input.

Quello che segue rappresenta un algoritmo per la determinazione delle radici di un'equazione di secondo grado.

```
% radici_equazione


% varibili utilizzate nel programma
% float a      coefficiente termine di 2 grado
% float b      coefficiente termine di 1 grado
% float c      termine noto
% float delta discriminante equazione
% float r1,r2 radici reali equazione
% float conjg funzione intrinseca complesso coniugato
% complex c1, c2 radici complesse equazione

% Inserimento coefficienti
a=input('Digitare il coefficiente a: ')
b= input('Digitare il coefficiente b: ')
c= input('Digitare il coefficiente c: ')

%valutazione del discriminante
delta = b^2-4*a*c

%Determinazione del tipo di radici
if delta > 0.
    disp('Radici reali e distinte')
    r1 = (-b-sqrt(delta))/(2*a)
    r2 = (-b+sqrt(delta))/(2*a)

elif delta == 0.
    disp('Radici reali e coincidenti')
    r1 = -b/(2*a)
    r2 = r1

else
    disp('Radici complesse coniugate')
    c1 = (-b-sqrt(delta))/(2*a)
    c2 = conj(c1)
```

end

Poiché si tratta di uno script, per poterlo far funzionare, è necessario salvarlo con estensione `.m` con un text editor qualsiasi (ad esempio Notepad) oppure utilizzando l'editor di MATLAB. Noi utilizzeremo quest'ultima opzione.

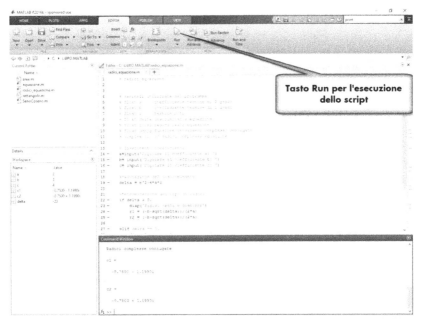

Figura 6.3 – Determinazioni delle radici di un'equazione di secondo grado.

Dopo aver terminato in modo corretto la stesura dello script, in questo ci aiuta l'editor di MATLAB individuando possibili errori di sintassi, potremo visualizzare il risultato dell'elaborazione, semplicemente cliccando sull'icona `Run` presente nella barra degli strumenti del menu `Editor` (Figura 6.3).

Analizziamo ora il codice contenuto nello script: come già detto, si tratta di un algoritmo per la determinazioni delle radici di un'equazione di secondo grado. Nello script è utilizzata la funzione `sqrt` che ci permetterà di eseguire la radice quadrata. Nella parte iniziale è presente una dettagliata descrizione delle variabili utilizzate, attraverso l'ausilio dei commenti.

Si passa poi all'importazione dei coefficienti attraverso la relativa digitazione da tastiera con l'utilizzo della funzione `input`. Si eseguono quindi i calcoli per la determinazione del discriminante e solo a questo punto, si esegue il ciclo if che ci permetterà di controllare il tipo di soluzioni che l'equazione ammette in funzione dei coefficienti introdotti. Infine il risultato è stampato a video.

La struttura switch case

Molti linguaggi forniscono un costrutto specifico nel caso di esecuzione di un insieme di criteri di selezione alternativi, è il caso del costrutto select case disponibile nel Fortran; il suo utilizzo mette il programmatore nelle condizioni di selezionare un determinato blocco d'istruzioni secondo il valore assunto da una variabile di controllo. Nel caso di MATLAB è presente un costrutto specifico per tal evenienza, implementato a partire dall'analogo costrutto presente nel linguaggio C. La sintassi della struttura è la seguente:

```
switch espressione
    case selettore1
        statements
    case selettore2
        statements
    ...
    otherwise
        statements
end
```

La variabile di controllo (che nell'esposizione della sintassi è stata indicata con il termine espressione) può essere un numero, un vettore di caratteri, un oggetto o un cell array.
Nel costrutto appena visto un significato importante è assunto dal selettore, nel senso che agendo su di esso è possibile stabilire i criteri di scelta. Il selettore deve essere dello stesso tipo della variabile di controllo e può essere rappresentato da un singolo valore del tipo già indicato in precedenza.
A questo punto se il valore assunto dall'espressione è compreso nell'intervallo dei valori assunti dal selettore1 saranno eseguite le istruzioni contenute in questo blocco:
Se invece il valore assunto dall'espressione è compreso nell'intervallo dei valori assunti dal selettore2 saranno eseguite le istruzioni del blocco relativo, e così proseguendo per tutti i casi previsti.

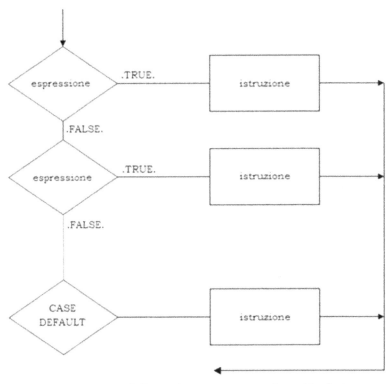

Figura 6.4 – Diagramma di flusso di un costrutto per la multi selezione.

Come già indicato, la selezione di default è opzionale e copre tutti gli altri possibili valori assunti dall'espressione, non previsti dalle istruzioni precedenti; se è omesso e il valore assunto dalla espressione non è compreso in nessuno degli intervalli previsti dai selettori, allora non sarà eseguita alcuna istruzione.

Vediamo ora un programma in cui si fa uso del costrutto di multi-selezione; si tratta di un semplice programma che in funzione del numero che si digita sulla tastiera fornisce il corrispondente mese dell'anno.

```
%Programma mese

%Inserimento numero mese
disp('Digitare il numero corrispondente al mese')
disp('Il numero deve essere compreso tra 1 e 12')
num_mese=input('Digita il numero ')
```

```
switch num_mese
    case 1
        disp('GENNAIO')
    case 2
        disp('FEBBRAIO')
    case 3
        disp('MARZO')
    case 4
        disp('APRILE')
    case 5
        disp('MAGGIO')
    case 6
        disp('GIUGNO')
    case 7
        disp('LUGLIO')
    case 8
        disp('AGOSTO')
    case 9
        disp('SETTEMBRE')
    case 10
        disp('OTTOBRE')
    case 11
        disp('NOVEMBRE')
    case 12
        disp('DICEMBRE')
    otherwise
        disp('ERRORE numero non compreso tra 1 e 12')
end
```

Dopo aver eseguito lo script si ottiene il listato riportato nella Figura 6.5.

In conclusione è importante precisare che i selettori devono essere mutuamente esclusivi, o ciò che è lo stesso un preciso valore non può apparire in più di un selettore.

Ciclo FOR

Spesso accade che una stessa istruzione debba essere ripetuta un certo numero di volte, in tali casi per evitare di dover riscrivere lo stesso codice sono stati previsti particolari costrutti che permettono appunto tali operazioni.

Tali costrutti si differenziano secondo il tipo di controllo che è effettuato per stabilire il numero di volte che il ciclo deve essere ripetuto. Infatti, sono disponibili strutture che eseguono la ripetizione per un numero prefissato di volte, e strutture in cui tale numero è determinato dal verificarsi di una particolare condizione.

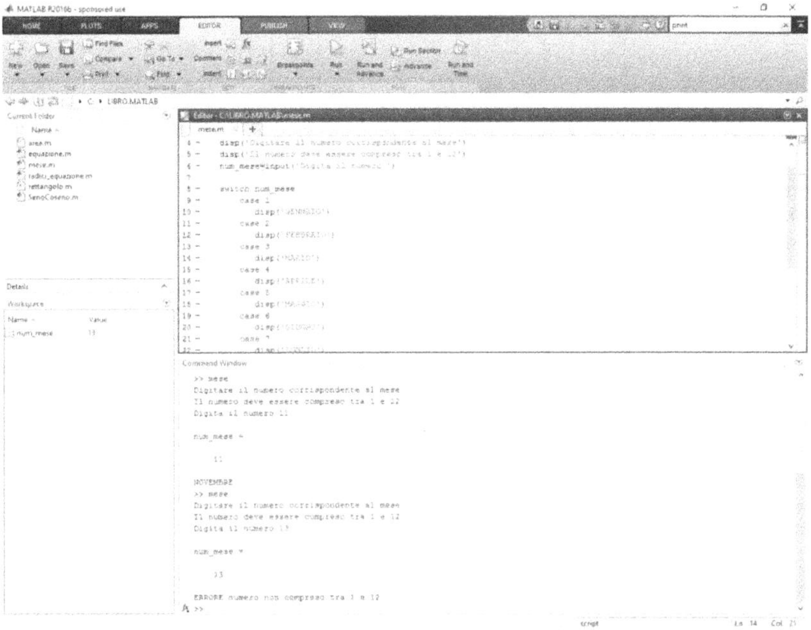

Figura 6.5 – Script per la stampa del mese associato ad un numero

Nei linguaggi di programmazione un ciclo che esegue un blocco d'istruzioni un numero determinato di volte è detto ciclo iterativo. La struttura `for` consente di ripetere un numero prefissato di volte un certo blocco d'istruzioni, controllando la ripetizione del ciclo mediante un contatore.

Inoltre un ciclo `for` permette il cosiddetto attraversamento di un oggetto e cioè un'elaborazione trasversale con la quale un oggetto è analizzato in tutti i suoi elementi dal primo e fino all'ultimo. La sintassi di un ciclo `for` è la seguente:

```
for indice = valore
    statements
end
```

Vediamo dapprima il suo utilizzo nel caso si voglia ripetere un'istruzione per un determinato numero di volte; in tal caso ci faremo aiutare dall'operatore : (due punti) che, come già visto, ci permette di costruire in modo rapido una sequenza di numeri.

La sintassi dell'operatore prevede i seguenti indicatori:

```
vettore=(inizio:incremento:fine)
```

I tre parametri che compaiono nel costrutto dell'operatore: `ini-`
`zio`, `fine` e `incremento` possono essere rappresentati da una costante, una variabile o un'espressione.
Nel caso si tratti di variabili o di espressioni, i rispettivi valori sono
determinati prima dell'applicazione della funzione. E allora la seguente istruzione:

```
>>(2:3:20)
```

ci permette di creare la sequenza di interi a partire dal numero 2
e fino al numero 20 (incluso) con un incremento pari a 3. Così la
sequenza creata sarà la seguente:

```
ans

2 5 8 11 14 17 20
```

Nel caso manchi il riferimento all'incremento con il quale il contatore dovrà procedere, per default tale valore sarà reso unitario.
Vediamo ora come utilizzare un ciclo `for`:

```
for indice=(2:3:20)
    disp(indice)
end
```

che produce:

```
2
5
8
11
14
17
20
```

Nella struttura di programma appena vista, la variabile `indice` è
una variabile intera utilizzata come contatore del ciclo iterativo,
mentre le quantità intere `inizio` (2), `fine` (20) e `incremento`(3) sono i

parametri del ciclo; essi assumono il compito di controllare i valori della variabile `indice` durante l'esecuzione del ciclo.

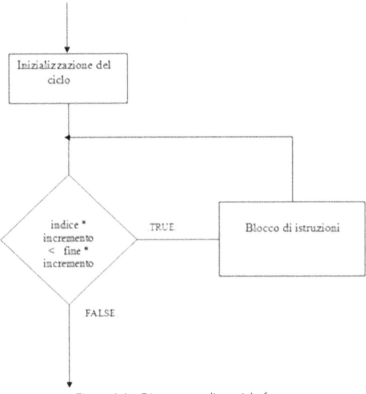

Figura 6.6 – Diagramma di un ciclo for.

Il parametro `incremento` come già detto è facoltativo; se è omesso, è impostato pari a `1`. Le istruzioni che seguono la riga in cui compare la parola chiave `for`, formano il corpo del ciclo iterativo e sono eseguite ad ogni ripetizione del ciclo.

Analizziamo allora il costrutto del ciclo `for`:

```
for indice=(2:3:20)
    disp(indice)
end
```

Nel momento in cui si entra nel ciclo, è assegnato il valore `inizio` alla variabile di controllo `indice`. Se si verifica che:

```
indice * incremento <= fine * incremento
```

sono eseguite le istruzioni che compaiono all'interno del corpo del ciclo. In seguito all'esecuzione di tali istruzioni, la variabile di controllo è aggiornata nel modo seguente:

```
indice = indice + incremento
```

a questo punto è eseguito un nuovo controllo sul contatore; se risulta:

```
 indice * incremento <= fine * incremento
```

il programma ripete ancora una volta le istruzioni contenute nel corpo del ciclo. Tale passaggio è ripetuto fino a quando la condizione seguente è verificata:

```
indice * incremento <= fine * incremento
```

Nel momento in cui questa condizione non è più vera, il controllo passa alla prima istruzione che si trova dopo la fine del ciclo.
L'esempio che segue ci permetterà di comprendere meglio il meccanismo esaminato nei passi precedenti. Analizziamo allora le seguenti istruzioni:

```
for i=(1:100)
   istruzione 1
   ......
   istruzione n
end
```

In questo caso, le istruzioni da 1 a n saranno eseguite 100 volte. L'indice del ciclo assumerà il valore 100 durante l'ultimo passaggio del ciclo.
Facciamo un esempio: costruiamo un algoritmo che letto un intero n valuta il quadrato dei primi n interi e stampa a video i risultati.

```
%programma quadrato

%varibili utilizzate
%int i, n, q

% Utilizzo del ciclo for

n=input('Digita un intero positivo ')
for i=(1:n)
        q = i^2;
        disp('Il quadrato del numero ')
        disp(i)
        disp(' risulta pari a ')
        disp(q)
end
```

Come già anticipato in precedenza, il ciclo for è utilizzato per e-seguire il cosiddetto attraversamento di un oggetto, e cioè un'e-laborazione trasversale con la quale un oggetto è analizzato in tutti i suoi elementi dal primo e fino all'ultimo.
Supponiamo di avere una lista che contiene i nomi dei nostri a-mici, allora stampiamone il contenuto attraverso l'impiego di un ciclo for:

```
>> lista={'giuseppe','tiziana','luigi','simone'}

for i=(1:numel(lista))
        lista(i)
end
```

Abbiamo dapprima creato un cell array contenente i nomi dei nostri amici, in seguito abbiamo visualizzato il contenuto della lista elemento per elemento.
Per fare questo abbiamo utilizzato la funzione numel() che ci forni-sce il numero di elementi del nostro array. Il risultato è riportato di seguito.

```
ans =

  cell

    'giuseppe'


ans =

  cell
```

```
     'tiziana'

ans =

  cell

    'luigi'

ans =

  cell

    'simone'
```

In tal caso il contatore del ciclo è una variabile (i) alla quale è assegnato, ad ogni passo del ciclo, un valore della lista. In questo modo all'interno del gruppo delle istruzioni contenute nel ciclo, è possibile operare sul singolo elemento della lista.
I cicli iterativi possono presentarsi anche in forma annidata; a tal proposito due cicli si dicono annidati quando un ciclo giace interamente all'interno dell'altro.
Un esempio di cicli annidati è riportato nel blocco d'istruzioni seguenti che ci permettono di costruire una matrice:

```
k=0;
for i=1:2
      for j=1:2
              k=k+1;
              matrice(i,j) = k;
              matrice(i,j)
      end
end
matrice
```

Le istruzioni appena viste producono il seguente output:

```
ans =

    1

ans =

    2
```

```
ans =

    3


ans =

    4


matrice =

    1    2
    3    4
```

In questo caso, il ciclo esterno attribuisce il valore 1 all'indice i, dopodiché attraverso il ciclo interno, con l'indice j che assume i valori da 1 a 2 è costruita la prima riga della matrice.

Quando il ciclo interno è completato, il ciclo esterno attribuisce il valore 2 alla variabile i e attraverso il ciclo interno è costruita la seconda riga. In questo modo il ciclo è iterato fino a conclusione del ciclo esterno.

Nei cicli annidati il ciclo interno, è sempre portato a conclusione prima che l'indice del ciclo esterno sia incrementato. Poiché non è possibile cambiare il contatore all'interno di un ciclo for, non è quindi possibile adoperare il medesimo indice per due cicli annidati, questo perché il ciclo interno modificherebbe il valore dell'indice all'interno del corpo del ciclo esterno.

Ciclo while

Le istruzioni che abbiamo imparato a implementare nei paragrafi precedenti, permettono di eseguire un certo blocco di comandi un numero preciso e programmato di volte. In molti casi invece è necessario che un ciclo sia ripetuto fintanto che una condizione è verificata (while). Per tali casi, MATLAB offre delle specifiche istruzioni che si prestano al particolare uso, in particolare mi riferisco al ciclo while la cui sintassi è la seguente:

```
while espressione
  istruzioni 1
      istruzioni 2
      .......
```

```
end
```

In questo caso si continua a iterare nel ciclo fino a quando l'espressione è vera, appena essa diventa falsa si esce dal ciclo e si eseguono le istruzioni successive. Ricordiamo a tal proposito che un'espressione risulta vera quando il suo risultato è non vuoto e contiene solo elementi diversi da zero (logici o reale numerici). In caso contrario l'espressione è falsa.

È opportuno precisare che qualora la condizione dichiarata dall'espressione logica non sia mai verificata il ciclo sarà ripetuto all'infinito. Tutto questo rappresenta un potenziale problema che riguarda tutti i cicli condizionati e cioè quei cicli che non si ripetono un numero prefissato di volte.

L'esecuzione del blocco d'istruzioni presenti all'interno del ciclo avviene secondo la sequenza di seguito indicata:
- è dapprima valutato il valore dell'espressione logica riportata;
- se il corrispondente valore risulta .FALSE., nessuna istruzione del blocco è eseguita e il controllo passa alla prima istruzione che compare dopo il ciclo;
- se invece tale valore risulta .TRUE., allora è eseguito il blocco di istruzioni a partire dalla prima istruzione che segue l'istruzione `while`.

Analizziamo subito un esempio: scriviamo un programma che chiede di inserire un numero intero `n` e stampa a video i primi `n` numeri.

```
%programma uscita
%utilizzo ciclo while

n=input('Digita un intero positivo ');
i=1;
disp('stampa dei risultati')
while i<=n
      disp(i)
      i=i+1;
end
```

Di seguito è riportato il risultato del programma uscita.

```
>> uscita
Digita un intero positivo 5
```

```
stampa dei risultati
     1

     2

     3

     4

     5
```

Analizziamo un altro esempio: implementiamo a tal proposito un algoritmo per la valutazione della radice quadrata di un numero fornito dall'utente, introducendo però un controllo sul segno del numero.

```
%programma radice

%variabili utilizate
%float      num
%bool    segno_num

%Utilizzo del ciclo WHILE

segno_num=true;
while segno_num
     num=input('Digita un intero positivo ')
     if num > 0.
          disp(['La   radice   quadrata   di   ',num2str(num),'   risulta
                ',num2str(sqrt(num))])
     else
          segno_num = false;
          disp('Errore digitato un intero negativo')
     end
end
```

Di seguito è riportato il risultato del programma radice.

```
>> radice
Digita un intero positivo 9

num =

     9

La radice quadrata di 9 risulta 3
Digita un intero positivo -3

num =
```

```
    -3
```

```
Errore digitato un intero negativo
>>
```

Analizzando il listato è possibile notare che fin quando si digita un valore positivo, è valutata la radice quadrata del numero e ne è stampato a video il risultato; nel momento in cui è introdotto un valore negativo, allora è impostata la variabile logica `segno_num` a `false` e in questo modo si esce dal ciclo `while`.

Infine è opportuno precisare che quando si esegue un ciclo qualsiasi è sempre possibile forzare l'uscita dal ciclo in ogni momento mediante gli appositi comandi quali:
- `break` - che permette di saltare fuori da un ciclo ignorando le restanti istruzioni da eseguire.
- `continue` - che permette di saltare alla prima istruzione della prossima iterazione del ciclo.

Capitolo settimo
Operazioni d'ingresso e di uscita

Nell'acquisizione delle competenze di base, quando cioè s'inizia a imparare un nuovo linguaggio di programmazione, si assume che l'input o l'output del sistema sia quello standard, e cioè la tastiera per quanto riguarda le operazioni di ingresso ed il video per quanto riguarda le operazioni di uscita. In realtà le informazioni da processare e quelle elaborate possono essere convogliate al nostro elaboratore attraverso altri canali che non sono quelli standard; ad esempio è possibile leggere o scrivere da file, file che vengono memorizzati su un device di storage esterno, tipicamente un disco (hard disk, pen drive).

In questo capitolo tratteremo le istruzioni da utilizzare per accettare informazioni d'ingresso anche da sorgenti diverse dalla tastiera, e le procedure necessarie per indirizzare le informazioni di uscita in posizioni diverse dallo schermo. Vedremo poi come formattare tali informazioni, per ottenere dati d'input e output in un formato opportuno, che garantisca oltre che la correttezza dei dati, un'adeguata forma.

Le funzioni input e disp

Abbiamo visto come stampare a video un determinato dato attraverso la funzione `disp()`. Ci chiediamo ora come fare affinché lo stato esterno influenzi il comportamento dell'ambiente MATLAB. È questo il ruolo dei costrutti d'ingresso, il più semplice dei quali è la funzione predefinita `input` la cui sintassi è la seguente:

```
x = input(prompt)
```

Tale comando visualizza il testo contenuto tra parentesi (nel nostro caso quello contenuto nella variabile `prompt`) e rimane in attesa dell'utente, che potrà inserire un valore e premere il tasto `Invi-`

o. L'utente può inserire espressioni o può utilizzare le variabili già contenute nello spazio di lavoro di MATLAB.

Quindi la funzione **input** legge una riga dall'input e la restituisce; vediamo dei semplici casi.

```
>> var1 = input('Digita un numero ')
Digita un numero 5

var1 =

    5
```

Dopo aver introdotto la prima istruzione, il prompt della shell si blocca in attesa che l'utente digiti la prossima istruzione che è immagazzinata nella variabile indicata. In seguito, non avendo aggiunto il ; (punto e virgola), alla fine della riga di codice, è stampato a video il contenuto della variabile **var1** per verificare l'efficacia dell'istruzione.

La funzione **input** richiede che l'espressione letta come input sia prevista da MATLAB, in particolare la variabile in ingresso, come già detto, è considerata quale variabile numerica o quale risultato di un'espressione numerica. Che cosa accade se invece inseriamo una stringa di testo? Allora vediamo l'esempio seguente:

```
>> var2 = input('Digita una stringa ')

Digita una stringa ciao

Error using input

Undefined function or variable 'ciao'.
```

MATLAB ha rilevato un errore ed ha stampato a video un messaggio di avvertimento che ci fa capire che per inserire una stringa dobbiamo utilizzare una sintassi diversa. Nel caso avessimo voluto attribuire alla variabile **var2** il tipo **char** avremmo dovuto aggiungere alla funzione **input()** l'opzione **'s'**, vediamo come:

```
>> var2 = input('Digita una stringa: ','s')

Digita una stringa: ciao
var2 =
ciao
```

```
>> class(var2)

ans =

char
```

Nelle pagine precedenti abbiamo più volte fatto ricorso alla funzione `disp()` per stampare a video il valore di una particolare variabile o il testo contenuto in una stringa. Vediamo ora in modo preciso il corretto funzionamento di questa funzione incorporata nell'ambiente MATLAB.

La funzione `disp(x)` mostra il valore della variabile x, sullo standard output che è lo schermo se non diversamente specificato, senza stampare il nome della variabile. Ricordiamo che un altro modo per visualizzare il contenuto di una variabile è quello di digitare il suo nome; in questo caso oltre al contenuto della variabile ne è mostrato anche il nome.

Vediamo un esempio:

```
>> nome = input ('Come ti chiami ? ','s')
Come ti chiami ? Giuseppe

nome =

Giuseppe

>> disp(nome)
Giuseppe
```

Analizzando il codice appena scritto è possibile verificare, come anticipato, che nel caso si richiami il nome di una variabile ne è visualizzato il suo contenuto ma allo stesso tempo ne è mostrato anche il nome, mentre l'utilizzo della funzione `disp(x)` mostra solo il valore della variabile senza stampare il nome della variabile.

Importare dati

Nelle operazioni che coinvolgono l'analisi dei dati ruolo fondamentale è assunto dallo scambio di tali dati tra l'ambiente di analisi e i supporti di memorizzazione. Il processo di spostamento dei dati tra MATLAB e file su disco si chiama importazione, se avviene a partire da file disponibili su disco e esportazione se invece avviene verso file su disco. In tali procedure i dati sono salvati in due formati possibili: `testo` o `binario`. In formato `testo`, i valori dei dati sono rappresentati attraverso codici `ASCII` e possono essere visualizzati in qualsiasi editor di testo. In formato `binario` invece, i valori dei dati binari non sono in codice ASCII e non possono essere visualizzati in un editor di testo. D'altra parte il formato binario è più efficiente in termini di spazio di archiviazione richiesto.

Le procedure di importazione in MATLAB, di cui ci occuperemo in questo paragrafo, sono davvero un gioco da ragazzi, visto che è presente un'apposita funzione che ci consente di importare nel `workspace` tutti i dati i dati contenuti in un file esterno: tale funzione è `importdata()`. Nella sua forma più semplice la sintassi della funzione è la seguente:

```
dati = importdata(nomefile)
```

Tale funzione accetta dei parametri aggiuntivi che ci aiutano nella lettura di specifici dati contenuti nel file esterno. È il caso in cui si necessiti di specificare il delimitatore tra un dato e quello successivo sia esso uno spazio, la virgola, il punto e virgola, il carattere di fine riga etc. In tal caso scriveremo:

```
dati = importdata('nomefile', delimitatore)
```

Infine sarà possibile specificare la linea d'intestazione dei dati che come sappiamo contiene i nomi delle variabili contenute nelle colonne. Allora avremo:

```
dati = importdata('nomefile', delimitatore,rigaIntestazione)
```

Per analizzare nel dettaglio le potenzialità di tale funzione facciamoci aiutare come sempre da un esempio: si vogliano importare nel `workspace` di MATLAB i dati derivanti da un'osservazione di uno specifico parametro effettuato nei sette giorni della settimana e per dieci settimane. La forma che assumerà il nostro file di testo è rappresentato nella Figura 7.1.

Dall'analisi di tale file è possibile notare che la prima riga rappresenta l'intestazione dei dati e cioè contiene i nomi delle variabili che appunto corrispondono ai nomi dei sette giorni di una settimana, mentre le successive dieci righe contengono i valori delle osservazioni. Infine ogni dato è separato da quello successivo da uno spazio. Applichiamo la funzione `importdata()`.

```
nomefile = 'dati.txt';

delimitatore = ' ';

rigaIntestazione = 1;

dati = importdata(nomefile,delimitatore,rigaIntestazione)
```

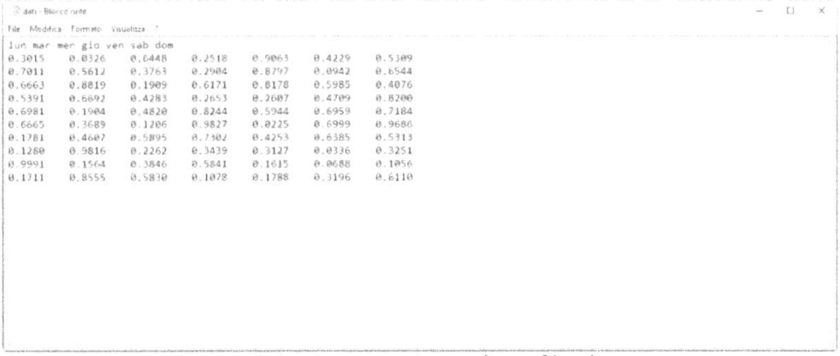

Figura 7.1 – Importazione di un file di testo.

In questo caso MATLAB importa i dati e li inserisce in un array strutturato con diversi elementi:

```
dati =

  struct with fields:

        data: [10×7 double]
    textdata: {'lun'  'mar'  'mer'  'gio'  'ven'  'sab'  'dom'}
  colheaders: {'lun'  'mar'  'mer'  'gio'  'ven'  'sab'  'dom'}
```

in cui appunto l'elemento **data** contiene le osservazioni mentre **colheaders** contiene le intestazioni. Nella struttura compare anche l'elemento **textdata** che contiene dei valori di testo che nel nostro caso coincidono con l'intestazione. Ricordiamo a tal proposito che per poter accedere al singolo elemento della struttura potremo scrivere:

```
>> dati.data

ans =

    0.3015    0.0326    0.6448    0.2518    0.9063    0.4229    0.5309
    0.7011    0.5612    0.3763    0.2904    0.8797    0.0942    0.6544
    0.6663    0.8819    0.1909    0.6171    0.8178    0.5985    0.4076
    0.5391    0.6692    0.4283    0.2653    0.2607    0.4709    0.8200
    0.6981    0.1904    0.4820    0.8244    0.5944    0.6959    0.7184
    0.6665    0.3689    0.1206    0.9827    0.0225    0.6999    0.9686
    0.1781    0.4607    0.5895    0.7302    0.4253    0.6385    0.5313
    0.1280    0.9816    0.2262    0.3439    0.3127    0.0336    0.3251
    0.9991    0.1564    0.3846    0.5841    0.1615    0.0688    0.1056
    0.1711    0.8555    0.5830    0.1078    0.1788    0.3196    0.6110
```

Oppure:

```
>> dati.colheaders

ans =

  1×7 cell array

    'lun'    'mar'    'mer'    'gio'    'ven'    'sab'    'dom'
```

Se, a questo punto, volessimo visualizzare solo le osservazioni relative al Venerdì ed alla Domenica potremmo scrivere:

```
for k = [5, 7]

    disp(dati.colheaders{1, k})

    disp(dati.data(:, k))

    disp(' ')

end
```

ed ottenere il seguente risultato:

```
ven
    0.9063
    0.8797
    0.8178
    0.2607
    0.5944
    0.0225
    0.4253
```

```
    0.3127
    0.1615
    0.1788


dom
    0.5309
    0.6544
    0.4076
    0.8200
    0.7184
    0.9686
    0.5313
    0.3251
    0.1056
    0.6110
```

Avremmo potuto anche far fare a MATLAB, nel senso che in automatico individuava il delimitatore nei dati e lo restituiva come ulteriore elemento.
Vediamo come:

```
nomefile = 'dati.txt';

[dati,delimitatore]=importdata(nomefile)
```

Ottenendo come risultato:

```
dati =

  struct with fields:

        data: [10×7 double]
    textdata: {'lun'  'mar'  'mer'  'gio'  'ven'  'sab'  'dom'}
  colheaders: {'lun'  'mar'  'mer'  'gio'  'ven'  'sab'  'dom'}


delimitatore =
```

Da notare che nella variabile **delimitatore** è presente uno spazio. Il file che abbiamo utilizzato in questi esempi è un file ASCII ma sarebbe potuto anche essere di altra natura ad esempio un foglio dati etc.
La procedura che abbiamo visto può essere effettuata anche utilizzando la relativa icona (Import Data) presente nella barra degli

strumenti del menu Home. In questo caso si aprirà una finestra di dialogo che ci consentirà di selezionare il file che desideriamo importare e successivamente si attiverà il menu Import (Figura 7.2) che ci permetterà di controllare in modo preciso la procedura di importazione dei dati.

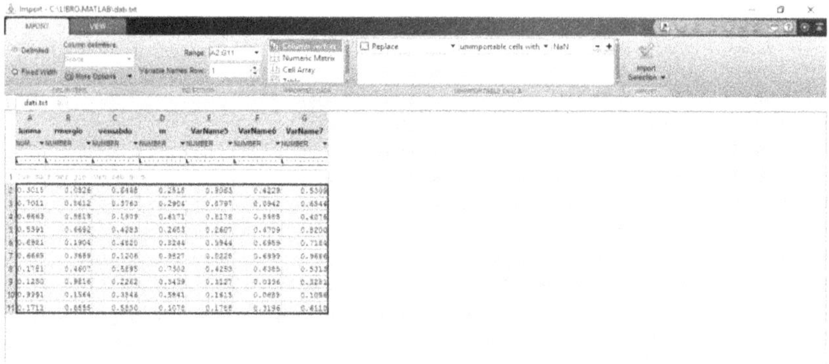

Figura 7.2 – Menu Import.

Scrivere e leggere dati

In questo paragrafo impareremo a gestire le operazioni di ingresso/uscita con il supporto di un file esterno per la memorizzazione dei dati, siano questi dati permanenti che verranno utilizzati in un'esecuzione successiva del programma, sia che si tratti di file temporanei. Tali operazioni sono molto semplici in ambiente MATLAB.

Il modo migliore per comprendere la procedura è di basarsi su un esempio, attraverso il quale creeremo dapprima un file di testo, quindi scriveremo nel file tutti i numeri dispari minori di 50, uno per riga, ed infine leggeremo il file e calcoleremo la somma di tutti i numeri contenuti nel file. La prima operazione che eseguiremo sarà quella di creare il file con l'ausilio della funzione fopen(), in particolare creeremo un file di nome dispari.txt; dopo aver fatto questo scriveremo su ogni riga del file un numero purché sia dispari e minore di 50, operazione questa che eseguiremo con l'ausilio della funzione fprintf().

```
fileID = fopen('dispari.txt', 'w');
for i=1:50
```

```
    if mod(i,2)~=0

        fprintf(fileID,'%u\n',i);

    end

end

fclose(fileID)
```

Analizziamo il codice appena introdotto: la creazione fisica del file avviene quando l'interprete incontra la prima riga ed in questo caso avviene nella stessa cartella dello script o comunque in quella che è la directory di lavoro corrente di MATLAB.

La funzione predefinita `fopen()` accetta degli argomenti come ad esempio il nome del file da aprire e la modalità di accesso.
La sintassi della funzione è la seguente:

```
fileID = fopen(filename,modalità)
```

che apre il file con nome `filename` (comprensivo di estensione), per l'accesso in lettura binaria, e restituisce un identificatore di file rappresentato da un intero uguale o superiore a 3. MATLAB si riserva identificatori di file pari a 0, 1 e 2 per lo standard input, lo standard output (lo schermo), e l'errore standard, rispettivamente.

Se la funzione `fopen()` non è in grado di aprire il file, il valore assunto da `fileID` sarà pari a -1.
La modalità di accesso al file può assumere diversi valori (Tabella 7.1), tra i quali i seguenti:
- 'r' in lettura (read),
- 'w' in scrittura (write),
- 'a' in accodamento (append).

In sostanza questi flag specificano cosa si può fare con il file appena aperto. Inoltre esistono anche le versioni dei flag con il suffisso '+' (r+, w+, a+), ad esempio r+ apre il file in lettura e scrittura.

È importante rilevare che la funzione `fopen()` non crea esplicitamente un file, ma cerca di aprirlo in modalità scrittura, da questo ne consegue che se il file esiste già lo stesso verrà sovrascritto (e quindi perderemo tutti i dati che conteneva), altrimenti ne verrà creato uno nuovo.

Tabella 7.1 – Tabella codici di accesso ai file.

Codice	Tipologia di accesso al file
'r'	Apri file per la lettura.
'w'	Aprire o creare un nuovo file per la scrittura. Eliminare i contenuti esistenti, se presenti.
'a'	Aprire o creare un nuovo file per la scrittura. Aggiungere i dati alla fine del file.
'r+'	Aprire il file per la lettura e la scrittura.
'w+'	Aprire o creare un nuovo file per la lettura e la scrittura. Eliminare i contenuti esistenti, se presenti.
'a+'	Aprire o creare un nuovo file per la lettura e la scrittura. Aggiungere i dati alla fine del file.
'A'	Apri file per l'aggiunta senza pulizia automatica del buffer di uscita corrente.
'W'	Apri file per la scrittura, senza pulizia automatica del buffer di uscita corrente.

Continuando ad analizzare lo script appena creato, notiamo che nelle righe che seguono, innanzitutto utilizziamo un ciclo `for` per eseguire le operazioni di scrittura, quindi controlliamo se il numero relativo al contatore risulta dispari: se lo è scriviamo una stringa formattata che contiene il numero e il carattere di ritorno a capo ('\n').

Per tale controllo ho utilizzato una struttura `if` nella quale l'espressione di controllo risulta pari a:

```
mod(i,2)~=0
```

In essa applichiamo la funzione `mod` che calcola il resto tra i due numeri presenti tra le parentesi, se tale numero è diverso da zero allora il numero è dispari altrimenti è pari.
Per la scrittura della stringa formattata utilizzo la funzione `fprintf()` che scrive, attraverso un formato specificato dall'utente, nel file opportunamente identificato, i dati contenuti in specifici vettori.
La sintassi di tale funzione è del tipo:

```
fprintf(fileID,formatSpec,A1,...,An)
```

dove:
- `fileID` rappresenta l'identificativo del file (se omesso indirizza l'operazione sullo schermo;
- `formatSpec` rappresenta il formato con il quale ci apprestiamo a scrivere i dati;
- `A1,...,An` rappresentano gli elementi dei vettori ai quali sarà applicato il formato appena specificato.

Infine chiamiamo il metodo `fclose()` sul nostro file in modo da non renderlo più accessibile e liberando quel poco di memoria che abbiamo occupato.
Per quanto riguarda il formato con il quale ci apprestiamo a scrivere i dati, che nella sintassi della funzione `fprintf()` è rappresentato dal parametro `formatSpec`, possiamo utilizzare i codici presenti nella Tabella 7.1 relativi allo specifico formato richiesto.

Tabella 7.2 – Tabella codici di formato.

Tipo	Codice	Dettagli
Intero, con segno	%d o % i	Base 10
Intero, senza segno	%u	Base 10
	%o	Base 8 (ottale)
	%x	Base 16 (esadecimale), lettere minuscole a-f
	%X	Uguale a %x, con lettere maiuscole A-F
numero in virgola mobile	%f	Notazione Fixed-point (utilizzare un operatore di precisione per specificare il numero di cifre dopo la virgola).
	%e	Notazione esponenziale, come ad esempio3.141593e+00(utilizzare un operatore di precisione per specificare il numero di cifre dopo la virgola).
	%E	Uguale a %e, ma con lettere maiuscole, come ad esempio3.141593E+00(utilizzare un operatore di precisione per specificare il numero di cifre dopo la virgola).
	%g	La più compatta %ee %f, senza zeri finali (utilizza un operatore di precisione per specificare il numero di cifre significative.)
	%G	Più compatta rispetto a %E e %f, senza zeri finali (utilizza un operatore di precisione per specificare il numero di cifre significative.)
Caratteri o stringhe	%c	singolo carattere
	%s	Vettore di caratteri o array di stringhe. Il tipo di testo di output è lo stesso del tipo specificato da formatSpec.

Al fine di introdurre i concetti necessari ad eseguire una corretta operazione di lettura da un file, analizziamo un ulteriore esempio.

Dopo aver creato il file, calcoliamo la somma di tutti i numeri contenuti al suo interno. Per fare questo il file deve essere letto da MATLAB e sulle variabili in esso contenute, andranno eseguiti dei calcoli.

Un modo per fare tutto questo è il seguente:

```
fileID = fopen('dispari.txt', 'r');

contenuto = textscan(fileID,'%u','delimiter','\n');

numeroLinee = length(contenuto{1});

righe=contenuto{1};

somma=0;
for i=1:numero Linee

    somma = somma + righe(i);

end

disp(somma)

fclose(fileID);
```

Dunque, apriamo il nostro file in modalità sola lettura e lo assegniamo alla variabile `fileID`. Applichiamo a essa la funzione `textscan()` ed assegniamo il risultato alla variabile `contenuto`.
La funzione `textscan()` legge i dati da un file di testo aperto e ne salva il contenuto in un `cell array`. Il file di testo è indicato dall'identificatore di file. Come abbiamo fatto nell'esempio, è necessario utilizzare la funzione `fopen()` per aprire il file e ottenere il valore dell'identificatore del file. Una volta terminata la lettura da un file, sarà opportuno chiudere il file chiamando la funzione `fclose (fileid)`.
Ricordiamo a tal proposito che un `cell array` è un tipo di dati con contenitori di dati indicizzati chiamati `celle`. Ogni cella può contenere qualsiasi tipo di dati. Gli array di celle contengono comunemente stringhe di testo, combinazioni di testo e numeri provenienti ad esempio da fogli di calcolo o file di testo, o array numerici di diverse dimensioni.
Ci sono due modi per fare riferimento agli elementi di un `cell array`:

1) racchiudere gli indici in parentesi tonde, (), per fare riferimento a insiemi di celle (per esempio, per definire un sottoinsieme della matrice);
2) racchiudere gli indici tra parentesi graffe, {}, per fare riferimento al testo, numeri, o altri dati all'interno delle singole celle.

Nel nostro caso utilizzeremo il secondo metodo per fare riferimento alla prima cella che rappresenta il contenuto del file di testo; in particolare ne leggeremo la lunghezza per ricavare il numero di linee del file:

```
numeroLinee = length(contenuto{1});
```

Quindi, per rendere le successive operazioni più semplici, salveremo il contenuto della prima cella del cell array in un vettore:

```
righe=contenuto{1};
```

Infine utilizzeremo un ciclo **for** per eseguire la somma dei numeri contenuti nel file.

```
for i=1:numeroLinee

    somma = somma + righe(i);

end
```

Infine stamperemo il risultato e chiuderemo il file:

```
disp(somma)

fclose(fileID);
```

Il risultato è riportato di seguito:

```
>> lettura
   625
```

Come abbiamo potuto verificare, la lettura da un file è un procedimento del tutto simile alla scrittura, infatti, in primo luogo, è necessario aprire il file con la creazione di un identificatore del file. Per quanto sia semplice la procedura, analizziamo un ulteriore semplice esempio.

Questa volta, utilizzeremo il metodo read 'r', per specificare a MATLAB che si ha intenzione di leggere dal file.

```
fileID = fopen('dispari.txt','r');

linea = fgets(fileID);

while ischar(linea)

    disp(linea)

    linea = fgets(fileID);

end

fclose(fileID);
```

È necessario assicurarsi di utilizzare il percorso del file creato in precedenza, oppure utilizzare il percorso che ci porta a qualche altro file che si desidera leggere. Ricordiamo allora che se il file non esiste, il valore assunto da fileID sarà pari a -1.

Un altro metodo per leggere il contenuto di un file è quello di utilizzare la funzione fgets(); la prima volta che s'invoca questa funzione su un file, ritornerà la prima riga di testo presente nel file.

Nel nostro caso dopo aver aperto il file in lettura leggeremo la prima riga del file dispari.txt, già utilizzato in precedenza, che contiene i numeri dispari a partire da 0 fino a 50.

```
fileID = fopen('dispari.txt','r');

linea = fgets(fileID)
```

Queste prime due righe di codice ci restituiranno il seguente valore:

```
>> 1
```

che rappresenta, appunto la prima riga del file. Si noti che fgets()
legge anche il carattere di nuova riga alla fine della stringa restituita, cosicché il cursore, alla fine dell'operazione, sarà posizionato sulla riga successiva, in modo che la successiva invocazione
della funzione fgets() ci consenta di leggere appunto la riga.
Nell'utilizzo di tale funzione potremo notare che sarà aggiunta
anche una linea vuota tra gli elementi, linea dovuta al fatto che la
funzione legge come elemento anche il carattere di nuova linea.
Per leggere il contenuto dell'intero file, una riga per volta, invo-
chiamo la funzione fgets() ripetutamente utilizzando un ciclo while.

```
while ischar(linea)

    disp(linea)

    linea = fgets(fileID);

end
```

Nel ciclo while che ho utilizzato, l'espressione di controllo è gestita dalla funzione ischar() che restituisce un valore logico pari ad 1
(vero), se il contenuto tra parentesi è un array di caratteri, e un
valore logico pari a 0 (falso) altrimenti.
Nel nostro caso il contenuto tra parentesi è l'array linea che contiene ciò che la funzione fgets() ha letto nel file. Poiché tale funzione quando incontra il carattere di fine file non scrive nulla, la
funzione ischar() restituirà il valore 0 e si uscirà dal ciclo. Infine
chiuderemo il file attraverso l'impiego della funzione fclose().

```
fclose(fileID);
```

La funzione gemella di fgets() è fgetl() che rispetto alla prima rimuove il carattere di nuova riga presente alla fine della stringa
restituita, di modo che non sarà aggiunta una linea vuota tra gli
elementi. Dal confronto dei risultati derivanti dall'applicazione
delle due funzioni è evidente il diverso funzionamento (Figura
7.3).

L'aggiunta di testo a un file è una cosa abbastanza semplice da
fare. Invece di utilizzare il metodo di scrittura ('w'), si utilizza il me-

todo di accodamento ('a'). In questo modo, si garantisce che i dati nel file esistente non siano sovrascritti, ma, qualsiasi nuovo testo sia aggiunto alla fine del file.

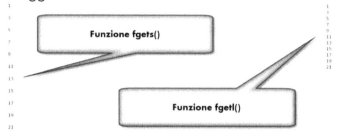

Figura 7.3 – Funzioni per la lettura di dati da file esterno.

Per comprendere il funzionamento di questa nuova modalità di scrittura su file, analizzeremo un esempio nel quale dapprima scriveremo una semplice stringa di testo in nuovo file, che per l'occasione sarà creato; in seguito apriremo lo stesso ed aggiungeremo una nuova riga. Iniziamo con il creare il file e scriveremo una stringa di testo:

```
fileID = fopen('testo.txt','w')

fprintf(fileID,'%s\n', 'Giuseppe');

fclose(fileID);
```

Figura 7.4 – Aggiunta di testo ad un file.

Alla fine di tali operazioni il file sarà chiuso per rendere possibili ulteriori operazioni sullo stesso file. Di seguito, invece, apriamo nuovamente il file ma questa volta in modalità di accesso di accodamento ed aggiungiamo una nuova riga:

```
fileID = fopen('testo.txt','a')

fprintf(fileID,'%s\n', 'Ecco un testo aggiuntivo!');

fclose(fileID);
```

Anche in questo caso alla fine delle operazioni il file è chiuso (Figura 7.4). Da notare che abbiamo dovuto aggiungere il simbolo di fine linea altrimenti il testo aggiuntivo sarebbe stato aggiunto sulla stessa linea.

Esportare dati

Negli esempi finora analizzati abbiamo avuto modo di apprezzare le potenzialità di calcolo dell'ambiente MATLAB, che ci consentono, in maniera semplice ed immediata, di effettuare una serie di operazioni sui nostri dati. Ma una volta che tali operazioni saranno state eseguite, ci porremo il problema di conservare i risultati in un formato che ci consenta nel futuro di riutilizzarli, ad esempio in formato tabellare.
Per fare questo MATLAB dispone di diverse funzioni che ci consentono di organizzare i dati sottoforma tabellare e di esportarli in un foglio di calcolo. Supponiamo allora di avere immagazzinato nel workspace di MATLAB una serie di variabili che contengono dati sui componenti della nostra famiglia, quali ad esempio nome, età, peso, altezza, etc.

```
>> Nome = {'Giuseppe';'Tiziana';'Luigi';'Simone'};

>> eta=[48;43;13;11];

>> peso=[71;61;58;42];

>> altezza=[173;161;165;145];

>> taglia=['l';'m';'m';'s'];
```

Creiamo allora una tabella con l'ausilio della funzione `table()` che appunto crea una tabella delle variabili di input passate come argomenti. Le variabili possono essere di diverse dimensioni e tipi, ma tutte le variabili devono avere lo stesso numero di elementi. Vediamo come:

```
>> Tabella=table(Nome,eta,peso,altezza,taglia)

Tabella =
```

Nome	eta	peso	altezza	taglia
'Giuseppe'	48	71	173	l
'Tiziana'	43	61	161	m
'Luigi'	13	58	165	m
'Simone'	11	42	145	s

Fatto questo vediamo ora come esportare la tabella appena creata in un foglio di calcolo Microsoft Excel utilizzando la funzione `writetable()`. Con l'utilizzo di tale funzione è possibile esportare i dati dallo spazio di lavoro di MATLAB in un qualsiasi foglio di calcolo contenuto in uno specifico file, e in qualsiasi posizione all'interno di tale foglio di calcolo. Di default, la funzione `writetable()` scrive i dati della tabella nel primo foglio di calcolo presente nel file, a partire dalla cella `A1` (che sarebbe la prima in alto a sinistra).

Vediamo allora come esportare la tabella che abbiamo appena creato:

```
>>nomefile = 'famiglia.xlsx';

>>writetable(Tabella,nomefile,'Sheet',1,'Range','D1')
```

Abbiamo in questo modo dapprima definito la variabile `nomefile` che contiene il nome del file (con estensione `.xlsx`) in cui esporteremo i dati.
Quindi abbiamo utilizzato la funzione `writetable()` specificando il nome della tabella (`Tabella`), il nome del file (`nomefile`), in quale foglio scrivere i dati (`'Sheet',1,`) ed a partire da quale cella

('`Range`','`D1`'). Il risultato è riportato nella Figura 7.5.

Un altro modo di esportare i dati presenti nel `workspace` di MAT-LAB è quello di sfruttare la funzione `xlswrite()` che appunto scrive i dati passati quali argomenti della funzione, in una cartella di lavoro Microsoft Excel con nome specifico.

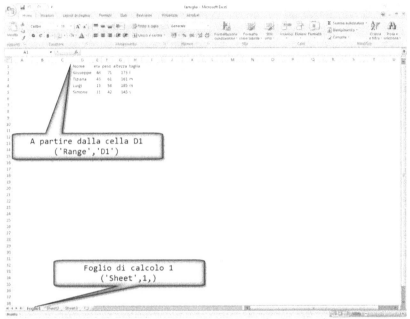

Figura 7.5 – Esportazione di dati in un foglio di calcolo.

Di default, la funzione `xlswrite()` scrive i dati nel primo foglio di calcolo presente nel file, a partire dalla cella `A1` (che sarebbe la prima in alto a sinistra).

Facciamo allora un ulteriore esempio per comprendere il funzionamento di tale funzione. Creiamo a tal proposito un semplice array numerico ed un cell array contenente delle stringhe di testo e dei dati numerici:

```
>> Matrice=magic(6)
Matrice =
    35     1     6    26    19    24
     3    32     7    21    23    25
    31     9     2    22    27    20
     8    28    33    17    10    15
    30     5    34    12    14    16
     4    36    29    13    18    11
>> Valori= {'Giorno', 'Temp'; 4 28; 5 32; 6 30}
```

```
Valori =
  4×2 cell array

    'Giorno'    'Temp'
    [     4]    [   28]
    [     5]    [   32]
    [     6]    [   30]
```

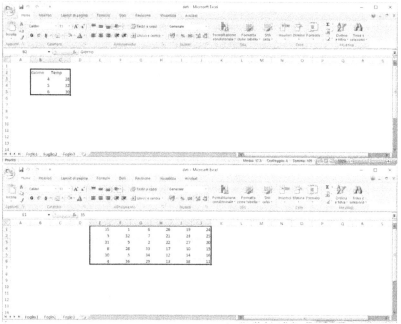

Figura 7.6 – Esportazione con la funzione xlswrite().

Provvederemo, a questo punto, a scrivere tali dati in due distinti fogli di calcolo di un file di Microsoft Excel.

```
>> nomefile = 'dati.xlsx';

>> xlswrite(nomefile,Matrice,1,'E1')

>> xlswrite(nomefile,Valori,2,'B2')
```

Il risultato è riportato nella Figura 7.6.

I comandi save e load

Abbiamo finora visto come sia possibile scambiare informazioni tra l'ambiente MATLAB e dei file presenti su disco, ma può accadere che per garantire continuità tra differenti sessioni in MAT-LAB, la nostra esigenza si limiti a salvare tutto il contenuto del workspace in uno specifico file. Tale procedura è garantita dal comando `save` che salva i contenuti del `workspace` in un file con estensione `.mat` (`MAT-file`) che può essere letto con il comando `load` in una sessione successiva di MATLAB. Per esempio il comando seguente:

```
>> save sessione-odierna
```

salva il workspace della sessione attuale nel file `sessione-odierna.mat`. Se si desidera, si può salvare solamente una certa variabile specificandone il nome dopo il nome del file. Di solito, la variabile è salvata in una configurazione binaria che può essere letta rapidamente (e accuratamente) dal programma.
Analizziamo la sintassi della funzione:

```
>> save(nomefile)
```

salva tutte le variabili contenute nella sessione di lavoro corrente (`workspace`) in un file in formato binario MATLAB (`MAT-file`) denominato `nomefile`.
Se è già presente un file con lo stesso nome tale comando sovrascrive il file.

```
>> save(nomefile,variabili)
```

Il comando appena visto, salva solo le variabili o i campi di un array di struttura specificato da variabili. Mentre il seguente:

```
>> save(nomefile,variabili,fmt)
```

salva nel formato di file specificato da `FMT`. L'argomento `variabili` è opzionale. Se non si specificano le `variabili` da salvare, la funzione di salvataggio memorizza tutte le variabili presenti nello spazio di lavoro. Il comando:

```
>> save(nomefile,variabili,versione)
```

salva nella versione MAT-file specificato da versione. L'argomento variabili è opzionale. Infine il comando:

```
>> save(nomefile,variabili,'-append')
```

aggiunge nuove variabili ad un file esistente. Se una variabile esiste già in un MAT-file, tale comando la sovrascrive.

Come già anticipato, se si desidera ricaricare nel workspace di MATLAB quanto salvato in una sessione precedente, bisogna utilizzare la funzione load che prevede la seguente sintassi:

```
>>load(nomefile)
```

Tale comando carica i dati dal file con nome nomefile. Se il file è del tipo MAT-file (con estensione .mat), allora sono caricate tutte le variabili contenute nel MAT-file, nello spazio di lavoro di MATLAB.
Se il file è un file ASCII, allora tale comando crea una matrice con valori in doppia precisione contenente i dati del file.
Anche il comando load prevede la possibilità di caricare solo alcune delle variabili contenute nel MAT-file, in tal caso lo utilizzeremo nel modo seguente:

```
>>load(nomefile,variabili)
```

Per comprendere al meglio i due comandi appena visti eseguiamo un semplice esempio: creeremo tre variabili nel workspace di MATLAB, quindi salveremo la sessione corrente in un file .mat ed infine lo caricheremo in una nuova sessione di lavoro.

```
>> A=magic(3)
A =
     8     1     6
     3     5     7
     4     9     2

>> B=ones(2)
B =
```

```
     1     1
     1     1
>> C=zeros(4)
C =
     0     0     0     0
     0     0     0     0
     0     0     0     0
     0     0     0     0
```

Nel codice appena proposto, ho creato tre matrici di esempio che ora rappresentano il contenuto del mio **workspace** attuale. Procedo quindi al salvataggio:

```
>>save DatiSessione.mat
```

Avrei potuto, allo stesso modo, utilizzare la seguente notazione:

```
>>nomefile='DatiSessione.mat';
>>save(nomefile)
```

A questo punto per caricare il contenuto della mia sessione di lavoro precedente in quella corrente basterà scrivere:

```
>> load DatiSessione.mat
```

Per ottenere tutte le variabili create in precedenza, come verifica della correttezza delle operazioni, posso utilizzare la funzione **whos**:

```
>> whos
  Name      Size            Bytes  Class     Attributes
  A         3x3                72  double
  B         2x2                32  double
  C         4x4               128  double
```

Finora abbiamo salvato il contenuto del **workspace** in file **.mat** in formato binario che però non è leggibile al di fuori di MATLAB; nel caso volessimo salvare tali dati in formato testo allora dovremmo seguire una procedura leggermente diversa.

Supponiamo di voler salvare solo due delle variabili che abbiamo creato per l'esempio precedente, in particolare le matrici A e B:

```
>> A=magic(3)
A =
     8    1    6
     3    5    7
     4    9    2
>> B=ones(2)
B =
     1    1
     1    1
```

Utilizziamo ancora una volta la funzione save() ma questa volta con una sintassi leggermente diversa:

```
>>save('ABvar.txt','A','B','-ASCII')
```

A questo punto per visualizzare il contenuto del file ABvar.txt possiamo utilizzare la funzione type() che visualizza il contenuto del file specificato nella finestra di comando MATLAB. Nel nostro caso avremo:

```
>> type('ABvar.txt')

   8.0000000e+00   1.0000000e+00   6.0000000e+00
   3.0000000e+00   5.0000000e+00   7.0000000e+00
   4.0000000e+00   9.0000000e+00   2.0000000e+00
   1.0000000e+00   1.0000000e+00
   1.0000000e+00   1.0000000e+00
```

Analizzando il suo contenuto è possibile individuare la matrice A in formato in doppia precisione ed a seguire la matrice B con lo stesso formato.

Gestione dei percorsi di file e directory

Vediamo ora come inserire in ambiente MATLAB un percorso di un file, ci riferiremo nella maggior parte degli esempi a nomi di percorso di Windows. Se si sta lavorando su una diversa piattaforma, bisogna sostituire i percorsi di esempio con i percorsi appropriati per il sistema in uso. In ambiente Windows, le locazioni di memoria nel File System sono rappresentate attraverso l'impiego del simbolo backslash '\', tuttavia, è necessario ricordare che tale simbolo rappresenta un carattere speciale in ambiente MATLAB (left division), ma poiché lo inseriremo quale stringa di testo non dovremo preoccuparci di questo. Ricordiamo inoltre che MATLAB accetta percorsi sia con l'utilizzo del simbolo backslash '\' sia con l'utilizzo del simbolo forward slash \.

Ricordiamo, a tal proposito, che le funzioni MATLAB che lavorano con file accettano sempre, come input, percorsi completi a tali file. Se non si specifica il percorso completo, MATLAB cerca i file prima nella cartella corrente, e poi nelle cartelle presenti nel percorso di ricerca. Per assicurarsi che MATLAB trovi il file che ci si aspetta, è possibile fornirgli il percorso completo, impostare quale directory corrente quella che contiene i file, oppure aggiungere tale directory al percorso di ricerca.

Iniziamo quindi ad analizzare il cosiddetto percorso di ricerca (Search Path) che rappresenta un concetto di fondamentale importanza nella gestione dei file e delle directory. Difatti, MATLAB utilizza un percorso di ricerca, rappresentato da un elenco ordinato di directory, per determinare dove cercare le opzioni che vengono digitate al prompt.

Quando si digita una stringa di testo nella linea di comando, supponiamo la parola giuseppe, MATLAB, al fine di interpretare in modo corretto il comando inserito, effettua una serie di controlli che vengono di seguito elencati in ordine di esecuzione:

1) cerca nel workspace una variabile con il nome giuseppe;

2) cerca una funzione tra quelle interne a MATLAB con lo stesso nome;

3) cerca nella directory corrente un m-file con il nome giuseppe.m;

4) cerca nelle directory inserite nel percorso di ricerca un m-file con il nome giuseppe.m.

Quando si richiama una funzione standard, MATLAB esegue la prima funzione contenuta in un m-file, che ha il nome specificato, contenuto in una directory che si trova nel percorso di ricerca.

Abbiamo appena accennato al concetto di directory corrente, come già detto nei paragrafi iniziali di questo libro, la directory corrente assume un ruolo fondamentale nell'utilizzo di MATLAB, in quanto rappresenta la directory a partire dalla quale s'inizia la ricerca degli script e delle funzioni che sono richieste al prompt. Affinché tali informazioni siano correttamente richiamate è neces-

sario quindi che siano contenute nella Current Folder.
Tale directory è quella che compare nella barra degli indirizzi dell'applicazione e può essere richiamata attraverso il comando pwd:

```
>> pwd
ans =
C:\LIBRO.MATLAB
```

Abbiamo altresì già detto che tale directory può essere cambiata cliccando sulla relativa icona presente a sinistra della barra degli indirizzi dell'applicazione oppure attraverso la funzione cd(). Tale funzione accetta come argomento un percorso di file valido (path) nel File System del sistema operativo in uso sulla macchina.

```
>> cd('C:\Users\Giuseppe\Documents\MATLAB')
```

Abbiamo in questo modo impostato quale Current Folder la directory che MATLAB utilizza di default per installare i nuovi pacchetti. Abbiamo inoltre detto che MATLAB cerca gli m-file nelle directory inserite nel percorso di ricerca; a tal proposito il comando:

```
>> path
```

mostra l'intero elenco delle directory in cui MATLAB cercherà gli m-file con il nome corrispondente alla funzione digitata. Di seguito una sezione di tale elenco:

```
>> path
                MATLABPATH
C:\Program Files\MATLAB\R2016b\toolbox\matlab\datafun
     C:\Program Files\MATLAB\R2016b\toolbox\matlab\datatypes
     C:\Program Files\MATLAB\R2016b\toolbox\matlab\elfun
     C:\Program Files\MATLAB\R2016b\toolbox\matlab\elmat
     C:\Program Files\MATLAB\R2016b\toolbox\matlab\funfun
     C:\Program Files\MATLAB\R2016b\toolbox\matlab\general
     C:\Program Files\MATLAB\R2016b\toolbox\matlab\iofun
     C:\Program Files\MATLAB\R2016b\toolbox\matlab\lang
     C:\Program Files\MATLAB\R2016b\toolbox\matlab\matfun
     C:\Program Files\MATLAB\R2016b\toolbox\matlab\mvm
     C:\Program Files\MATLAB\R2016b\toolbox\matlab\ops
     C:\Program Files\MATLAB\R2016b\toolbox\matlab\polyfun
```

```
C:\Program Files\MATLAB\R2016b\toolbox\matlab\randfun
C:\Program Files\MATLAB\R2016b\toolbox\matlab\sparfun
C:\Program Files\MATLAB\R2016b\toolbox\matlab\specfun
C:\Program Files\MATLAB\R2016b\toolbox\matlab\strfun
C:\Program Files\MATLAB\R2016b\toolbox\matlab\timefun
C:\Program Files\MATLAB\R2016b\toolbox\matlab\demos
C:\Program Files\MATLAB\R2016b\toolbox\matlab\findfiles
C:\Program Files\MATLAB\R2016b\toolbox\matlab\graph2d
```

Per gestire il percorso di ricerca e cioè per apportare delle modifiche aggiungendo o eventualmente rimuovendo specifiche directory potremo utilizzare il seguente comando:

```
>>pathtool
```

In tal caso si aprirà la finestra mostrata in Figura 7.7. Lo stesso risultato si ottiene cliccando sull'icona set Path presente sulla barra degli strumenti del menu Home (Figura 7.7).

Attraverso l'utilizzo di tale finestra potremo, ad esempio, facilmente aggiungere o rimuovere una specifica directory, oppure spostare la posizione di una directory alfine di rendere più veloce il processo di ricerca di un m-file.

Tabella 7.3 –Elenco dei comandi per la gestione del percorso di ricerca.

Nome	Funzione
addpath	Aggiunge cartelle al percorso di ricerca
rmpath	Rimuove cartelle al percorso di ricerca
path	Visualizza o cambia il percorso di ricerca
savepath	Salva il percorso di ricerca corrente
userpath	Visualizza o cambia la cartella di lavoro utente
genpath	Genera un percorso con specifico nome
pathsep	Ricerca separatore di percorso per la piattaforma corrente
pathtool	Apre la finestra di dialogo Set Path per visualizzare e modificare il percorso di ricerca
restoredefaultpath	Ripristina il percorso di ricerca al suo stato di installazione in fabbrica

Tutte le operazioni disponibili a partire dalla finestra set Path possono essere controllate attraverso uno specifico comando digitabile al prompt di MATLAB. Tutto questo per inserire tali operazioni in uno script oppure per l'attivazione nei sistemi operativi con interfaccia a caratteri.

Ad esempio per aggiungere una directory utilizzeremo il comando `addpath()`, che appunto aggiunge delle directory al percorso di ricerca.

La Tabella 7.3 riporta una lista di tutte le funzioni previste da MATLAB per la gestione del percorso di ricerca.

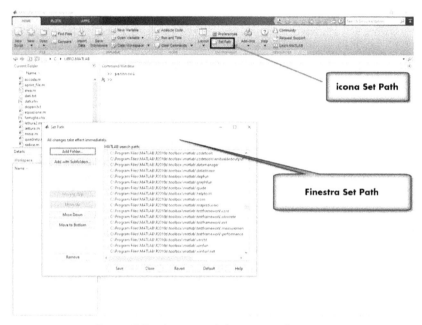

Figura 7.7 – Gestione del percorso di ricerca.

Capitolo ottavo
Debugging e gestione delle eccezioni

Abbiamo già visto come utilizzare i costrutti che l'ambiente MAT-LAB ci mette a disposizione per scrivere in modo corretto un programma. A questo punto possiamo erroneamente pensare di aver terminato il lavoro; in realtà è ora che inizia il lavoro più duro che è quello del debugging del programma, cioè dell'individuazione dei cosiddetti errori di programmazione che si manifestano solo durante lo sviluppo e l'esecuzione di un codice.
Tali errori di programmazione si possono distinguere essenzialmente in tre categorie principali (Figura 8.1):
1) errori di sintassi,
2) errori di logica,
3) errori di runtime.

Gli errori di sintassi sono i più semplici da individuare poiché è MATLAB stesso che li individua e ne descrive la tipologia attraverso i messaggi che sono stampati a video.
Si tratta di errori che si commettono nella fase di scrittura del programma e sono in genere errori di ortografia o di sintassi delle istruzioni. Gli errori di sintassi impediscono l'esecuzione del programma da parte di MATLAB che quindi tipicamente segnalerà la presenza dell'errore.
Gli errori di logica sono i più difficili da individuare, questo perché MATLAB non ci fornisce alcuna informazione a riguardo, essendo il programma formalmente corretto dal punto di vista della sintassi. Ci accorgiamo della presenza dell'errore perché l'algoritmo non fornisce l'output richiesto nell'ambito di una o più istanze del problema da risolvere. Tali errori possono essere causati da una mancata comprensione del problema da calcolare o dei vincoli che i dati in input devono rispettare, o ancora nella valutazione del test dell'algoritmo. Per l'individuazione di tali errori è necessario effettuare il debugging del codice.

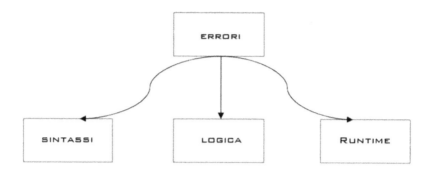

Figura 8.1 – Tipi di errori di programmazione.

Infine ci sono gli errori di runtime, che rappresentano degli errori che avvengono nella fase di esecuzione del programma, anche se l'algoritmo è corretto e il codice è interpretato giustamente. Tali errori sono usualmente contenuti nell'algoritmo, ad esempio si può erroneamente modificare una variabile nel corso del calcolo o eseguire un calcolo scorretto.

Gli errori di runtime si evidenziano quando il programma produce dei risultati inaspettati. Tali errori possono essere gestiti dal codice in modo che il verificarsi dell'evento non pregiudichi il corretto risultato dell'intero progetto.

Messaggi di errore

I messaggi di errore, in ambiente MATLAB, sono stati progettati per avvertirci che qualcosa è andato storto nel senso che il calcolo che abbiamo impostato non è stato eseguito in quanto si è verificato un errore; dall'analisi del messaggio di errore possiamo così comprendere la natura del problema e porvi eventualmente rimedio.

Iniziamo con il precisare che i messaggi di errore possono essere di due tipi:

- `errori` che si determinano quando si verifica effettivamente un errore, in questo caso l'elaborazione si interrompe perché MAT-LAB non è in grado di continuare i suoi calcoli. È possibile identificare un messaggio di errore dal fatto che appare in rosso scuro grassetto e il sistema in tale occorrenza emette un suono. Tuttavia, l'aspetto più importante di un errore è che l'applicazione smette di funzionare, ed è necessario risolvere il problema prima che si possa continuare nel calcolo.

- `warning` che si determinano quando si verifica una condizione di allarme; il computer, allora, ci avverte di questo ma continua ad elaborare l'applicazione fintanto è possibile. Il tipo di messaggio, in questo caso, si presenta in un rosso più chiaro e non si accompagna ad alcun tipo di suono di sistema. Inoltre, il messaggio di errore è preceduto dalla parola "Warning". In questo modo, non ci si accorge dell'avvertimento fin quando non si pone attenzione alla finestra di comando. La gestione dei `Warning` si rivela altrettanto importante rispetto a quella degli errori in quanto tali avvertimenti hanno l'abitudine di diventare errori nel corso del tempo.

I messaggi di errore o di avvertimento sono stati progettati per offrire aiuto nel caso qualcosa sia andato storto nel corso di un calcolo; talvolta tale aiuto si rivela assolutamente perfetto, altre volte no, ed è necessario lavorare un po' per risolvere la situazione. In ogni caso dall'analisi del messaggio è possibile, nella maggior parte dei casi, risalire in maniera abbastanza semplice al problema. Come ogni cosa è necessario acquisire una certa esperienza per comprendere in maniera immediata i messaggi che MATLAB ci invia:"dobbiamo iniziare a stabilire un certo feeling con l'ambiente per comprenderlo appieno".

Vediamo, ad esempio, cosa accade quando tentiamo di eseguire un calcolo errato:

```
>> x=2;

>> z = x + y

Undefined function or variable 'y'.
```

In questo caso MATLAB ci ha comunicato che il calcolo non può essere eseguito in quanto la variabile y non è stata definita.

Le eccezioni

Come già anticipato, il fatto che un'istruzione o un'espressione, sia sintatticamente corretta, non ci mette al riparo dal causare un errore quando si tenta di eseguirla. Tali errori, che sono rilevati durante l'esecuzione di un programma, sono dette eccezioni e non sono necessariamente causa di un arresto incondizionato del programma. Infatti, a essi si può porre rimedio imparando a gestirli opportunamente con gli strumenti che MATLAB ci mette a disposizione. La maggior parte delle eccezioni è gestita direttamente dai programmi e causa dei messaggi di errore, come i seguenti:

```
>> x + 10 = 20

 x + 10 = 20
     ↑
Error: The expression to the left of the equals sign is not a valid tar-
get for an assignment.
```

In tutti e due i casi appena analizzati, l'ultima riga del messaggio di errore ci fornisce informazioni dettagliate su cosa sia successo. Analizziamo allora nel dettaglio le eccezioni che abbiamo sollevato attraverso le nostre righe di codice. Nella stringa stampata compare innanzitutto la posizione nel codice dove si è verificato l'evento e il tipo di errore riscontrato attraverso una descrizione esaustiva del problema riscontrato.
Questo avviene nel caso di tutte le eccezioni built-in, ma non per tutte le eccezioni definite dall'utente. Il resto della riga ci fornisce un'interpretazione dettagliata del suo significato e dipende dal tipo d'eccezione.

La gestione delle eccezioni

Con il termine gestione delle eccezioni s'intende un insieme di costrutti e regole sintattiche e semantiche presenti nel linguaggio allo scopo di rendere più semplice, chiara e sicura la gestione di eventuali situazioni anomale che si possono verificare durante l'esecuzione di un programma.
La gestione delle eccezioni è rivolta a facilitare l'uso di meccanismi ragionevoli per gestire situazioni erronee o eccezionali che sorgono nei programmi e può essere usata per passare informazioni sulle situazioni d'errore che avvengono all'interno del codice e rispondere selettivamente a quegli errori.

Figura 8.2 –Tipico messaggio di errore.

Attraverso la gestione delle eccezioni è possibile consentire al programma di continuare la sua normale operatività e prevenire errori interni (**crash**), che comportano la visualizzazione di messaggi d'errore di difficile comprensione per l'utente.

Sarà allora sufficiente arrestare il programma e produrre un resoconto dell'errore; la differenza rispetto a sistemi che non fanno uso di eccezioni, per segnalare esecuzioni anomale del programma, sta nel fatto che con un'appropriata gestione delle eccezioni la condizione erronea può essere localizzata con precisione, semplificando così il debugging.

Figura 8.3 – La gestione delle eccezioni.

In molti casi le operazioni, previste dall'algoritmo implementato per il nostro programma, possono generare errori in esecuzione; quando questo accade è opportuno che il programma non si blocchi. La soluzione a tale problema è di gestire l'eccezione usando le funzioni che l'ambiente MATLAB ci mette a disposizione. Fino ad ora, ogni volta che si verificava un errore, semplicemente esso era visualizzato nella finestra di comando, senza molti commenti. Tuttavia, possiamo fare di più che aspettare che gli errori si verifichino e il programma di conseguenza sia arrestato. MATLAB ci consente di intercettare gli errori e di gestirli in diverse modalità attraverso l'impiego della struttura try...catch. Analizziamo ad esempio il seguente codice:

```
try

    fileID = fopen('fileInesistente.txt');

    Data = fread(fileID);

    disp(Data);

catch exc

    disp('Si è verificato un errore');

    disp(exc)

end
```

In esso cerchiamo di aprire un file per leggerne il contenuto, se però, prestiamo attenzione al nome del file possiamo comprendere cosa accadrà. La chiamata alla funzione fopen() utilizza un file che non esiste; tale chiamata però non rappresenta un problema, infatti, alcune chiamate a fopen() sono destinate a fallire.

Quando questo accade, come sappiamo, la funzione fopen() restituisce un fileID con un valore pari a -1. Il problema con questo codice di verifica si determinerà nella successiva chiamata.

Infatti, poiché, fileID non contiene un codice valido, la chiamata alla funzione fread() non riesce, in quanto la lettura dei dati da un file che non esiste non è possibile.

Il blocco try ... catch contiene il codice che si desidera eseguire per la gestione di situazioni problematiche. Quando si verifica un'eccezione, le informazioni ad essa relative sono memorizzate nella variabile exc, che può essere successivamente utilizzata a nostro piacimento. In questo caso, il codice di gestione degli errori (`ErrorHandling`), che è quello contenuto tra le parole chiave `catch` e `end`, visualizza un messaggio leggibile per l'utente e un messaggio di errore MATLAB più specifico destinato allo sviluppatore.

L'esecuzione della porzione di codice appena analizzato ci fornirà il seguente risultato:

```
Si è verificato un errore

   MException with properties:

      identifier: 'MATLAB:FileIO:InvalidFid'

      message: 'Invalid file identifier. Use fopen to

      generate a valid file identifier.'

      cause: {0x1 cell}

      stack: [1x1 struct]
```

Le informazioni di eccezione iniziano con la seconda riga. MATLAB ci dice che il messaggio d'eccezione è un membro della classe `MException` e ha alcune proprietà.

Ecco le informazioni aggiuntive che abbiamo ricevuto:

– `identifier` che rappresenta una breve descrizione specifica dell'errore. Un identificatore fornisce una categoria di errori, e lo si può utilizzare per trovare ulteriori informazioni sull'errore.

– `message` che rappresenta un messaggio più lungo, che fornisce dettagli circa il problema. Il messaggio è generalmente più facile da comprendere rispetto alle altre informazioni.

– `cause` quando si stabilisce una causa per il problema è possibile che questa proprietà contenga un elenco di fonti causali.

– `stack` che rappresenta il percorso che l'applicazione ha seguito per arrivare a questo punto. Tracciando il percorso dell'applicazione, spesso è possibile trovare una fonte per un errore in qualche altra funzione chiamante della funzione corrente.

La struttura try,catch

Abbiamo già introdotto tale struttura nell'esempio precedente, ma adesso la analizzeremo nel dettaglio. Tale struttura ci consente di eseguire un'espressione che potrebbe non riuscire e al contempo di gestire eventuali errori attraverso il recupero del codice. In sostanza tale struttura ci dà la possibilità di continuare l'esecuzione anche in caso di errore.

La sintassi della struttura è la seguente:

```
try

    statements

catch exception

    statements

end
```

La sintassi appena analizzata esegue le istruzioni presenti nel blocco **try** e nel caso si verifichino errori restituisce i risultati presenti nel blocco catch. Questo approccio consente di ignorare il comportamento che MATLAB assume di default per un insieme d'istruzioni presenti in un programma. Se qualsiasi dichiarazione presente in un blocco **try** genera un errore, il controllo del programma passa immediatamente al blocco catch, che contiene le dichiarazioni di gestione degli errori definite dall'utente.

Analizzando nel dettaglio la sintassi della struttura, si nota il termine **exception** subito dopo la parola chiave **catch**. Allora **exception** è un oggetto della classe **MException** che permette d'identificare l'errore. In questo modo il blocco **catch** assegna l'oggetto eccezione corrente alla variabile definita in **exception**. Quindi se l'espressione presente nel blocco **try** si traduce in un errore, è restituito un oggetto della classe **MException**. Entrambi i blocchi **try** e **catch** possono contenere, a loro volta, blocchi annidati **try** e **catch**.

Facciamo allora un esempio: creiamo a tal proposito due matrici che viste le relative dimensioni non possono essere concatenate verticalmente.

```
>> A=ones(2)

A =

     1     1
     1     1

>> B=rand(4)

B =

    0.8147    0.6324    0.9575    0.9572
    0.9058    0.0975    0.9649    0.4854
    0.1270    0.2785    0.1576    0.8003
    0.9134    0.5469    0.9706    0.1419

>> CONCATENATA = [A; B];

Error using vertcat

Dimensions of matrices being concatenated are not consistent.
```

Come ci aspettavamo l'operazione di concatenazione verticale, non essendo possibile (le due matrici dovevano avere lo stesso numero di colonne), ha determinato un errore. L'errore ha sollevato un eccezione il cui messaggio ci dice che per poter concatenare le due matrici le relative dimensioni devono essere consistenti.

Vediamo allora di utilizzare la struttura **try-catch** per visualizzare delle informazioni più precise su quali debbano essere le dimensioni delle due matrici per rendere possibile tale operazione.

```
try

  CONCATENATA = [A; B];

catch ME

  if (strcmp(ME.identifier,'MATLAB:catenate:dimensionMismatch'))

      msg = ['Mancata corrispondenza di dimensione: La prima '...

              'matrice ha ', num2str(size(A,2)),' colonne mentre' ...

              'la seconda ha ', num2str(size(B,2)),' colonne. ' ...

              'Per la concatenazione verticale le due matrici' ...

              'devono avere lo stesso numero di colonne.'];
```

```
    causeException = MException('MATLAB:myCode:dimensions',msg);

    ME = addCause(ME,causeException);

  end

  rethrow(ME)

end
```

Se eseguiamo tale porzione di codice, dopo aver opportunamente definito le due matrici **A** e **B**, otterremo il seguente risultato:

```
Error using vertcat
Dimensions of matrices being concatenated are not consistent.

Error in trycatch (line 2)
   CONCATENATA = [A; B];

Caused by:
   Mancata   corrispondenza   di   dimensione:   La   prima   matrice   ha   2
       colonne  mentre  la  seconda  ha  4  colonne.Per  la  concatenazione
       verticale  le  due  matrici  devono  avere  lo  stesso  numero  di
       colonne.
```

Debugging del codice

Per debugging s'intende la procedura con la quale si cerca di individuare la porzione di codice affetta da un errore (bug), rilevato nel programma, una volta che questo sia stato mandato in esecuzione. Tale procedura è una delle operazioni più importanti per la messa a punto di un programma, si presenta molto difficile per la complessità del codice da analizzare e da eseguire con attenzione dato il pericolo di introdurre nuovi errori o comportamenti difformi da quelli desiderati.

Nel debug di applicazioni software, si possono riconoscere le seguenti fasi:
- identificazione del bug;
- individuazione della porzione di codice in cui è presente il bug;
- individuazione della istruzione che causa il bug;
- progettazione di una correzione per il bug;
- implementazione e testing della correzione.
L'errore può manifestarsi sia nel momento di collaudo del pro-

gramma, durante la fase di sviluppo quando lo stesso non è stato ancora distribuito, sia in fase di utilizzo, quando cioè il programma è mandato in esecuzione dall'utente finale. Dopo aver rilevato l'errore si procede con la fase di debugging, che ha come scopo quello della rimozione del bug appena rilevato.

Per venire incontro al programmatore, nella procedura di debugging, che come già detto, si presenta spesso lunga e difficoltosa, esistono dei programmi specifici detti debugger, che forniscono un utile ausilio allo sviluppatore, dando la possibilità di seguire il flusso del programma, istruzione per istruzione, e permettendo l'analisi dei dati trattati.

Se non si dispone di un debbugger si procede al debbugging manuale, attraverso il quale si procede con lo stampare a video o su file le istruzioni che il programma sta eseguendo, inserendo a tal scopo nel codice delle istruzioni specifiche.

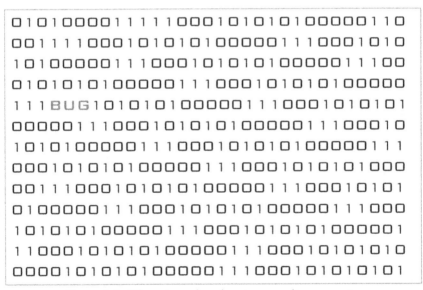

Figura 8.4 –Rilevazione di un bug in un codice sorgente.

La piattaforma MATLAB offre numerose risorse che ci aiutano nel lavoro di debugging, quali un debugger integrato che ci consente di eseguire tale operazione con l'ausilio del supporto grafico e funzioni di debug utilizzabili nella finestra di comando.

Prima di iniziare il debug, dobbiamo assicurarci che il programma sia stato salvato e che esso e tutti i file ad esso associati si trovino sul percorso di ricerca di MATLAB o nella cartella corrente. Ricordiamo a tal proposito che se cerchiamo di eseguire un file con modifiche non salvate dall'editor degli script, il file è salvato automaticamente prima della sua esecuzione.

Mentre se si esegue un file con modifiche non salvate dalla finestra di comando, MATLAB esegue la versione salvata del file, pertanto, saranno perse le modifiche apportate al file.

Impostazione di punti di interruzione

Nella ricerca di eventuali bug presenti nel nostro codice, può risultare estremamente utile impostare dei punti di interruzione (breakpoint) per sospendere l'esecuzione di un file, in modo da poter esaminare il valore assunto da particolari variabili che si pensa possano creare dei problemi. È possibile impostare i punti di interruzione sia utilizzando l'Editor di MATLAB, sia utilizzando delle specifiche funzioni nella finestra di comando.

MATLAB prevede tre diversi tipi di punti di interruzione:
1. standard,
2. condizionale,
3. errore.

Un punto di interruzione del tipo standard si ferma in corrispondenza della riga specificata nel file. Per aggiungere un breakpoint del tipo standard nella finestra dell'Editor, basterà fare clic sulla breakpoint alley (colonna breakpoint) in corrispondenza di una riga eseguibile in cui si desidera impostare il punto di interruzione.

La breakpoint alley è la colonna presente sul lato sinistro dell'Editor, a destra del numero di linea; in essa le linee eseguibili sono indicate da un trattino (-). Ad esempio, possiamo fare clic sulla breakpoint alley accanto alla riga 3 del codice per aggiungere un punto di interruzione in quella riga (Figura 8.5).

Se un'istruzione eseguibile si estende su più righe, è possibile impostare un punto di interruzione per ogni riga dell'istruzione, anche se le linee aggiuntive non presentano un - (trattino) nella colonna breakpoint.

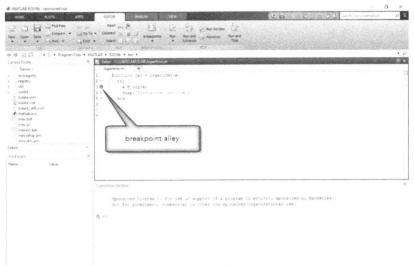

Figura 8.5 –Impostazione di un punto di arresto.

Se si tenta di impostare un punto di interruzione in una linea che non è eseguibile, come ad esempio un commento o una riga vuota, MATLAB imposta il punto di interruzione in corrispondenza della successiva riga eseguibile.

Come già detto MATLAB ci consente di effettuare il debugging del codice anche utilizzando delle specifiche funzioni nella finestra di comando. Nel caso dell'impostazione di un punto di interruzione utilizzeremo la funzione dbstop, vediamo come:

```
dbstop in programma a 2
```

che imposta un punto di interruzione in corrispondenza della linea 2 nel file con nome programma.m.
Un punto di interruzione condizionale fa si che MATLAB si fermi in una particolare linea (del file), solo quando la condizione specificata sia soddisfatta. Si raccomanda di utilizzare i punti di interruzione condizionali quando si desidera esaminare i risultati dopo alcune iterazioni di un ciclo.

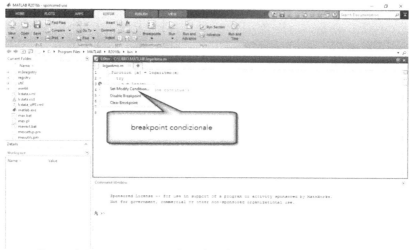

Figura 8.6 –Impostazione di un breakpoint del tipo condizionale.

Per aggiungere un `breakpoint` del tipo condizionale nella finestra dell'Editor, basterà fare clic sulla colonna `breakpoint` in corrispondenza di una riga eseguibile in cui si desidera impostare il punto di interruzione. Successivamente sarà necessario cliccare con il tasto destro sul pallino rosso e selezionare, nel menu contestuale, la voce `Set/Modify Condition` (Figura 8.6).
Quando la finestra di dialogo Editor si apre, basterà immettere una condizione e fare clic su OK. Una condizione è un qualsiasi espressione valida per MATLAB che restituisca un valore scalare logico. Così come indicato nella finestra di dialogo, MATLAB valuta la condizione prima di eseguire la linea.

Figura 8.7 – Finestra di dialogo per l'impostazione della condizione.

Per esempio, supponiamo di avere un file chiamato `programma.m`, che una volta creato un vettore con valori crescenti con passo `1` da `1` fino a `10`, stampa i valori contenuti nel vettore uno per riga.

```
%creiamo un vettore con valori crescenti
a=(1:10);

%Stampiamo a video i valori di a uno per volta
for n=1:10
    disp(a(n))
end
```

Per aggiungere un punto di interruzione condizionale, in corrispondenza della linea 6, con la seguente condizione:

```
n> = 6
```

dovremo semplicemente inserire tale condizione nella finestra di dialogo appena vista (Figura 8.7). In tal caso, nella colonna breakpoint, comparirà un pallino giallo che identifica appunto l'icona rappresentativa del punto di interruzione condizionale (Figura 8.8).

La stessa operazione può essere effettuata da linea di comando attraverso il seguente codice:

```
dbstop in programma a 6 se n> = 6
```

Quando si esegue il file, MATLAB entra in modalità di debug e si ferma sulla linea quando la condizione è soddisfatta. Nell'esempio appena proposto, MATLAB attraversa il ciclo for per cinque volte e si mette in pausa sulla sesta iterazione alla linea 6, quando risulta appunto n=6. Se si continua l'esecuzione, MATLAB ferma nuovamente l'esecuzione in corrispondenza della linea 6 sulla settima iterazione quando n = 7.
Infine vediamo l'ultimo tipo di punto di arresto e cioè il punto di arresto del tipo errore. Un punto di interruzione del tipo errore fa si che MATLAB interrompa l'esecuzione del programma ed entri in modalità di debug se incontra un problema. A differenza dei punti di interruzione standard e condizionali, non è necessario impostare questi punti di interruzione in una riga specifica in un file specifico. Quando si imposta un punto di interruzione del tipo errore, MATLAB si ferma in corrispondenza di qualsiasi linea in qualsiasi file, se si verifica la condizione di errore specificato. In

tal caso, MATLAB entra in modalità di debug e apre il file contenente l'errore, con la freccia di esecuzione in corrispondenza della riga che contiene l'errore.

Figura 8.8 – Breakpoint del tipo condizionale.

Per impostare un punto di interruzione del tipo errore, nella scheda Editor, basterà fare clic sull'icona `Breakpoints`, presente sulla barra delle applicazioni della scheda editor, e scegliere tra queste opzioni (Figura 8.9):

- `Stop on Errors`: per arrestare l'esecuzione in corrispondenza di tutti gli errori.
- `Stop on Warnings`: per arrestare l'esecuzione in corrispondenza di tutti i warnings.
- `More Error and Warning Handling Options` per aprire la finestra di dialogo `Stop if Errors/ Warnings for All Files` in cui sarà possibile scegliere tra più opzioni.

Modalità debug

Dopo aver provveduto ad impostare correttamente dei punti di interruzione potremo mandare in esecuzione il nostro codice. Per fare questo basterà cliccare sull'icona `Run` presente sulla barra delle applicazioni della scheda `editor`. L'esecuzione del file `programma.m` con il `breakpoint` impostato sulla riga 6 produce questi risultati(Figura 8.10):

- Il pulsante Run si trasforma nel pulsante Continue.
- Il prompt nella finestra di comando diventa K >> ad indicare che MATLAB è in modalità di debug e che la tastiera è in modalità di controllo.
- MATLAB si ferma al primo punto di interruzione presente nel programma.

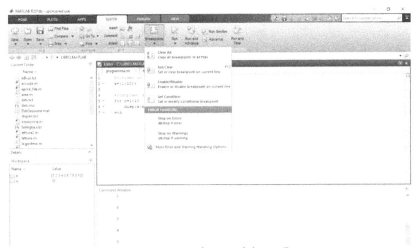

Figura 8.9 – Breakpoint del tipo Error.

Inoltre è possibile verificare che nell'Editor, compare una freccia verde a destra del punto di interruzione ad indicare che il programma è in pausa. Il programma quindi non esegue la linea dove si verifica la pausa fino a quando non si riprende l'esecuzione.
Ad esempio, nel caso del file che abbiamo analizzato il debugger mette in pausa il programma prima che esegua la seguente istruzione:

```
disp(a(n))
```

Per continuare l'esecuzione del codice fino al successivo punto di interruzione basterà cliccare sul pulsante Continue, in questo modo MATLAB eseguirà tutte le istruzioni presenti nel programma e si arresterà in corrispondenza del successivo punto di interruzione.

Nella modalità debug, quando l'esecuzione del codice è stata arrestata è possibile visualizzare o modificare i valori delle variabili presenti nel `workspace`, oppure si può modificare il codice stesso.

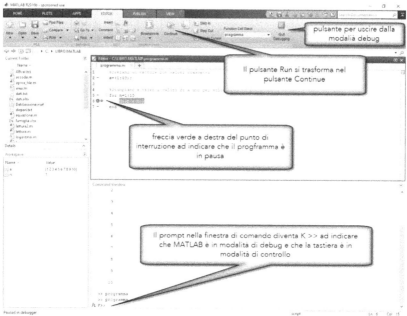

Figura 8.10 – Modalità debug.

Per visualizzare il valore di una variabile durante il debug, alfine di verificare se una linea di codice abbia prodotto il risultato previsto o meno, dovremo posizionare il puntatore del mouse a sinistra della variabile, in questo modo il valore corrente della variabile apparirà in una finestra di suggerimento (Figura 8.11).
Nella Figura 8.11 è possibile verificare che il valore attuale della variabile n è pari a 2, questo perché avendo impostato il punto di arresto in corrispondenza dell'istruzione che mostra a video il valore del vettore a, ed essendo tale punto all'interno di un ciclo for, l'esecuzione del ciclo sarà arrestata ad ogni iterazione del ciclo. In precedenza, in occorrenza della prima iterazione era stato premuto il pulsante Continue, così come dimostrato dalla visualizzazione del primo elemento del vettore a. Quindi, correttamente, il valore corrente della variabile n è pari a 2.

Figura 8.11 – Visualizzazione del valore corrente di una variabile.

La finestra di suggerimento rimane in vista fino a quando non si sposta il puntatore. Se si incontra qualche difficoltà a visualizzare la finestra di suggerimento, basterà fare clic sulla riga che contiene la variabile, e quindi spostare il puntatore in prossimità della variabile.

È possibile modificare il valore di una variabile durante il debug, per vedere se il nuovo valore produce i risultati aspettati. Con il programma in pausa, infatti è possibile assegnare un nuovo valore alla variabile, quindi, continuare l'esecuzione del programma.

Per esempio, quando MATLAB è in pausa all'interno del ciclo `for` in cui, come mostrato in precedenza `n` = `2`, digitiamo `n=7` nel prompt di comando, premiamo `invio` e poi clicchiamo sul pulsante `Continue` per visualizzare il seguente risultato:

```
K>> n=7
n =
     7

     7
K>>
```

In questo caso, come ci aspettavamo, è mostrato a video il settimo elemento del vettore `a`.

È altresì possibile modificare una sezione di codice durante il debug per testare eventuali correzioni senza dover salvare le modifiche. Di solito, è opportuno modificare un file MATLAB dopo aver chiuso il debugging, si tratta di una buona pratica di programmazione, quindi salvare la modifica ed eseguire il file. In caso contrario, si potrebbero ottenere risultati imprevisti. Tuttavia, vi sono situazioni in cui si desidera sperimentare durante il debug, delle soluzioni alternative, che non necessariamente ci porteranno alla soluzione del problema. Per evitare che tali esperimenti ci conducano lontano dal codice originario risulta conveniente utilizzare tale opzione.

Per modificare un programma durante il debug adottare la seguente procedura:

1. Mentre il codice è in pausa, modificare una parte del file che non è stato ancora eseguito. In tal caso i punti di interruzione diventano grigi, indicando che non sono validi.

2. Selezionare tutto il codice dopo la riga in cui MATLAB è stato messo in pausa, fare clic destro, e poi selezionare la voce Evaluate Selection dal menu contestuale.

Dopo la valutazione completa del codice, interrompere il debug e salvare o annullare le modifiche fatta prima di continuare il processo di debug.

Durante il debug, è possibile scorrere un file MATLAB, fermandosi nei punti in cui si vogliono esaminare i valori. Per fare questo sono presenti una serie di pulsanti, sulla barra delle applicazioni della scheda Editor che ci aiutano fornendoci opportune soluzioni per ogni nostra esigenza.

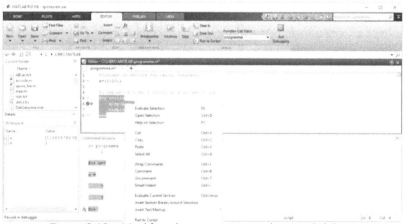

Figura 8.12 – Modifica di un programma durante il debug.

Ad esempio, mentre il codice è in pausa, possiamo continuare l'esecuzione del file fino a raggiungere la linea dove è posizionato il cursore. Per fare questo potremo cliccare sull'icona Run to cursor, anch'essa disponibile nel menu contestuale (Figura 8.13).

Oppure possiamo semplicemente eseguire la linea corrente cliccando sull'icona Step, presente sulla barra delle applicazioni della scheda Editor (Figura 8.13). Tale opzione è altresì disponibile da riga di comando attraverso la funzione dbstep.

Possiamo infine eseguire la riga corrente del file e, se tale linea presenta una chiamata a un'altra funzione, passare in tale funzione. Per fare questo potremo cliccare sull'icona Step In (Figura 8.13). Tale opzione è inoltre disponibile da riga di comando attraverso la funzione dbstep in.

Abbiamo visto che l'opzione Step In ci consente di entrare in una funzione esterna se chiamata dal programma che stiamo analizzando. Allora l'opzione Step Out ci consente di eseguire il resto della chiamata alla funzione, di abbandonare tale funzione e di ritornare al programma chiamante e di metterlo nuovamente in pausa. Anche tale opzione è disponibile da riga di comando attraverso una specifica funzione, nella fattispecie dbstep out.

Dopo aver identificato il problema, per terminare la sessione di debug è necessario cliccare sull'icona Quit Debug presente sulla barra delle applicazioni della scheda Editor (Figura 8.14). È necessario terminare una sessione di debug se si desidera cambiare e salvare un file, o se si desidera eseguire altri programmi in MATLAB.

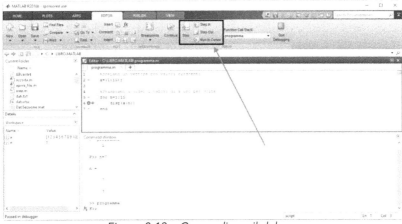

Figura 8.13 – Comandi per il debug.

Dopo aver chiuso il debug, gli indicatori di messa in pausa disponibili nella scheda Editor non appariranno più, e il prompt dei comandi presenterà la classica forma (>>) al posto di quella indicativa della modalità debug (K >>).

Se MATLAB, in modalità debug, diventa instabile non rispondendo più ai comandi in corrispondenza di un punto di interruzione, basterà premere la combinazione di tasti Ctrl + C per forzare l'uscita dalla modalità debug e tornare così al prompt di MAT-LAB.

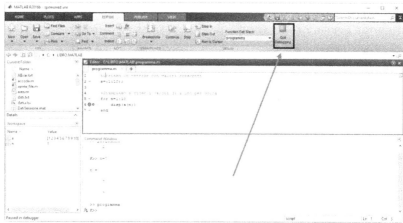

Figura 8.14 – Uscita dalla modalità debug.

Capitolo nono
Strutture di dati avanzate

Finora, per i nostri esempi, abbiamo perlopiù utilizzato degli array standard che rappresentano delle strutture di dati utili per la memorizzazione di un numero elevato di oggetti, però tutti dello stesso tipo, ad esempio una matrice di numeri o di caratteri. Tuttavia tali array non possono essere utilizzati se si desidera memorizzare in essi un numero in una posizione e una stringa in un'altra. Questo è un problema che può essere risolto ricorrendo, ad esempio, ai cosiddetti array di celle, alle strutture di array, più in generale a tutte quelle strutture che l'ambiente di programmazione MATLAB ci mette a disposizione.

Cell Array

Un `Cell Array` è un tipo di dati che presenta dei contenitori di dati indicizzati chiamati celle. Ogni cella può contenere qualsiasi tipo di dati: i `cell array` possono ad esempio contenere delle stringhe di testo, combinazioni di testo e numeri provenienti da fogli di calcolo o file di testo, o array numerici di diverse dimensioni. I `Cell Array` ci consentono quindi di raggruppare, in una sola variabile, tipi di dati diversi tra loro, ma che presentano una qualche relazione reciproca. Come già anticipato sono in pratica dei contenitori per vari tipi di dati, che non presentano delle operazioni matematiche definite. Per eseguire operazioni matematiche su tali dati occorre necessariamente indirizzarne il contenuto.
Ci sono due modi per fare riferimento agli elementi di una `Cell Array`:
1) racchiudere gli indici in parentesi tonde `()`, per fornire un riferimento a insiemi di celle, come ad esempio, per definire un sottoinsieme dell'array;

2) racchiudere gli indici tra parentesi graffe, {}, per fornire un riferimento al testo, numeri, o altri dati presenti all'interno delle singole celle.

Per comprendere come creare un array di tale tipo analizzeremo l'esempio seguente che mostra, appunto, come creare un array di celle utilizzando l'operatore {} o la funzione `cell`.
Per creare un array di celle, possiamo semplicemente utilizzare l'operatore di costruzione dei `cell array`, e cioè l'operatore {} (parentesi graffe), vediamo come:

```
ArrayDiCelle = {10, 20, 30; 'Giuseppe', rand(2,3), {4; 5; 6}}
```

Come tutti gli array di MATLAB, anche gli array di celle sono rettangolari, con lo stesso numero di celle in ogni riga. Ad esempio il `cell array` che abbiamo appena creato (`ArrayDiCelle`) è un array **2x3**:

```
>> ArrayDiCelle = {10, 20, 30; 'Giuseppe', rand(2,3), {4; 5; 6}}

ArrayDiCelle =

  2×3 cell array

    [      10]    [      20]    [      30]
    'Giuseppe'    [2×3 double]  {3×1 cell}
```

È altresì possibile utilizzare l'operatore {} per creare un array di celle **0x0** vuoto:

```
>> CellA={}

CellA =

  0×0 empty cell array
```

Se si intende costruire un array di celle attraverso un ciclo iterativo, è consigliabile creare un array n dimensionale vuoto utilizzando la funzione `cell()` nel seguente modo:

```
>> CellVuoto = cell(3,4)

CellVuoto =

  3×4 cell array

    []    []    []    []
    []    []    []    []
    []    []    []    []
```

L'array che abbiamo appena creato è un array di celle 3x4, in cui ogni cella contiene un array vuoto, []. Per richiamare il contenuto di ogni singola cella possiamo scrivere, ad esempio:

```
>> CellVuoto(2,1)

ans =

  cell

    {[]}
```

In questo modo potremo visualizzare il contenuto della cella disposta sulla seconda riga e prima colonna, oppure:

```
>> CellVuoto(:,1)

ans =

  3×1 cell array

    []
    []
    []
```

per visualizzare il contenuto dell'intera prima colonna. Ma vediamo più nel dettaglio come accedere ai dati contenuti nelle celle, per fare questo creeremo dapprima un celle array 2x3 contenente numeri e stringhe di testo:

```
>> CellArray1 = {'Luigi', 'Simone', 'Tiziana'; 13, 11, 43}
CellArray1 =

  2×3 cell array

    'Luigi'    'Simone'    'Tiziana'
```

```
[    13]    [    11]    [    43]
```

Come già anticipato in precedenza, MATLAB ci mette a disposizione due modi per fare riferimento agli elementi di un array di celle. Il primo prevede di racchiudere gli indici in parentesi tonde, per fornire un riferimento a insiemi di celle; il secondo prevede di racchiudere gli indici tra parentesi graffe, per accedere al contenuto delle singole celle.
Riferendoci al `cell array` appena creato, procederemo ad utilizzare entrambi i metodi. Per accedere al contenuto di un insieme di celle scriveremo:

```
>> CellArray2=CellArray1(1:2,1:2)

CellArray2 =

  2×2 cell array

    'Luigi'    'Simone'

    [    13]    [    11]
```

Avremo così creato un nuovo `cell array 2x2` che contiene le celle presenti nelle prime due colonne del `cell array` di partenza. Per modificare un insieme di celle sostituendole con lo stesso numero di celle possiamo ad esempio utilizzare la seguente istruzione:

```
>> CellArray2(2,1:2) = {130,110}

CellArray2 =

  2×2 cell array

    'Luigi'    'Simone'

    [    130]    [    110]
```

Abbiamo, in questo modo, modificato solo il contenuto delle celle presenti sulla seconda riga del `cell array CellArray2` , trasformando l'età di due giovanotti, in quella di due pluricentenari.
Se le celle del nostro array contengono dati numerici, è possibile convertire un `cell array` in array numerico utilizzando la funzione `cell2mat()`:

```
>> VettoreNumerico = cell2mat(CellArray2(2,1:2))
VettoreNumerico =

   130    110
```

Per avere conferma del tipo di dato creato utilizzeremo la funzione **class()**:

```
>> class(VettoreNumerico)

ans =

double
```

Vediamo ora come accedere al contenuto della singola cella attraverso l'impiego delle parentesi graffe. Riferiamoci ancora al **cell array** che abbiamo creato in precedenza:

```
>> CellArray1 = {'Luigi', 'Simone', 'Tiziana'; 13, 11, 43}

CellArray1 =

  2×3 cell array

    'Luigi'      'Simone'     'Tiziana'
    [   13]      [   11]      [   43]
```

Estraiamo da esso il contenuto dell'ultima cella:

```
>> UltimaCella=CellArray1{2,3}

UltimaCella =

     43

>> class(UltimaCella)

ans =

double
```

Creando, in questo modo, una variabile numerica del tipo **double**, perché la cella contiene un valore numerico in doppia precisione. In modo del tutto simile possiamo utilizzare la stessa sintassi per modificare il contenuto della stessa cella:

```
>> CellArray1{2,3}=430

CellArray1 =

  2×3 cell array

    'Luigi'    'Simone'    'Tiziana'
    [   13]    [    11]    [    430]
```

Quando si cerca di accedere al contenuto di più celle, utilizzando la sintassi con le parentesi graffe, MATLAB crea un elenco, del contenuto di tali celle, separato da virgole. Poiché ogni cella può contenere un tipo di dati diverso, non sarà più possibile assegnare tale elenco ad una singola variabile. Tuttavia, sarà possibile assegnare tale lista ad uno stesso numero di variabili pari al numero di celle. Vediamo un esempio:

```
>> CellArray1{1:2,1:3}

ans =

Luigi


ans =

    13


ans =

Simone


ans =

    11


ans =

Tiziana


ans =

    43
```

Com'è possibile notare, MATLAB propone le variabili con un ordine che segue le colonne, quindi sono dapprima visualizzati i contenuti delle celle presenti nella prima colonna e così via. Per assegnare ogni contenuto ad una variabile possiamo scrivere:

```
>> [r1c1, r2c1, r1c2, r2c2, r1c3, r2c3]=CellArray1{1:2,1:3}

r1c1 =

Luigi


r2c1 =

    13

r1c2 =

Simone


r2c2 =

    11

r1c3 =

Tiziana


r2c3 =

    43
```

In questo modo, il contenuto di ogni cella sarà stato assegnato ad una variabile che assumerà il tipo relativo al contenuto della cella, quindi quelle relative alle celle della prima riga saranno del tipo char, quelle relative alle celle della seconda riga saranno del tipo double:

```
>> class(r1c1)

ans =

char

>> class(r2c1)
ans =
```

```
double
```

Se invece ogni cella contiene lo stesso tipo di dati, sarà possibile creare una singola variabile, contenente l'insieme di tali dati, applicando l'operatore di concatenazione degli array, [], all'elenco separato da virgole. Ad esempio:

```
>> Eta = [CellArray1{2,:}]

Eta =

    13    11    43
```

Vedremo ora come aggiungere delle celle ad un cell array, per farlo creiamo dapprima un array di celle 1x3:

```
>> A = {10, 20, 30}

A =

  1×3 cell array

    [10]    [20]    [30]
```

Per aggiungere delle celle all'array appena creato, basterà assegnare dei dati ad una cella al di fuori delle dimensioni correnti; ricordiamo a tal proposito che l'array è costituito da una riga e tre colonne, quindi se cerchiamo di assegnare dati alla cella presente nella seconda riga e terza colonna avremo superato le dimensioni correnti del cell array. In questo caso MATLAB procede aggiungendo una ulteriore riga di celle:

```
>> A{2,3} = 40

A =

  2×3 cell array

    [10]    [20]    [30]
    []      []      [40]
```

Com'è possibile verificare, le prime due celle della riga aggiunta saranno vuote, mentre nella cella contenuta nella terza colonna sarà stato depositato il valore numerico 40 così come da noi indicato.

Aggiungere celle senza specificare un valore equivale ad assegnare un array vuoto al contenuto di tali celle:

```
>> A{3,3} = []
A =

  3×3 cell array

    [10]    [20]    [30]
    []      []      [40]
    []      []       []
```

Passiamo ora a trattare la procedura di eliminazione di dati da un array di celle; nell'esempio seguente sarà mostrato come rimuovere i dati da singole celle, e come cancellare l'intero contenuto da un cell array. Iniziamo con il creare un array di celle 3x3:

```
>> B = {1, 2, 3; 4, 5, 6; 7, 8, 9}

B =

  3×3 cell array

    [1]    [2]    [3]
    [4]    [5]    [6]
    [7]    [8]    [9]
```

Procediamo innanzitutto con l'eliminare il contenuto di una cella particolare assegnando un array vuoto a tale cella; per fare questo utilizzeremo le parentesi graffe per l'indicizzazione dei contenuti, {}:

```
>> B{1,2} = []

B =

  3×3 cell array

    [1]    []     [3]
    [4]    [5]    [6]
    [7]    [8]    [9]
```

Eliminiamo quindi un set di celle utilizzando l'indicizzazione standard, che prevede l'uso delle parentesi tonde, (). Per esempio, il comando seguente:

```
>> B(1,:) = []

B =

  2×3 cell array

    [4]    [5]    [6]
    [7]    [8]    [9]
```

Rimuove tutte le celle presenti nella prima riga, determinando una variazione delle dimensioni del cell array, che come è possibile verificare passa da 3x3 a 2x3.

L'ambiente MATLAB ci consente altresì di combinare array di celle tra di loro. Vedremo, ad esempio, come combinare array di celle attraverso operazioni di concatenazione o nidificazione. Inizieremo con il creare diversi array di celle con lo stesso numero di colonne:

```
>> A1 = {'figlio', 'figlio', 'moglie'}

A1 =

  1×3 cell array

    'figlio'    'figlio'    'moglie'

>> A2 ={'Luigi', 'Simone', 'Tiziana'}

A2 =

  1×3 cell array

    'Luigi'    'Simone'    'Tiziana'

>> A3 ={13, 11, 43}

A3 =

  1×3 cell array

    [13]    [11]    [43]
```

Procediamo dapprima alla concatenazione di tali array di celle con l'impiego dell'operatore di concatenazione, []. In questo esempio, gli array di celle sono concatenati verticalmente separandoli con un punto e virgola:

```
>> A4 = [A1; A2; A3]

A4 =

  3×3 cell array

    'figlio'    'figlio'    'moglie'
    'Luigi'     'Simone'    'Tiziana'
    [     13]   [     11]   [     43]
```

Quindi creiamo un array di celle nidificato attraverso l'impiego dell'operatore di costruzione degli array di celle, {}:

```
>> A5 = {A1; A2; A3}

A5 =

  3×1 cell array

    {1×3 cell}
    {1×3 cell}
    {1×3 cell}
```

In questo caso A5 è un array di celle 3x1, in cui ogni cella contiene, a sua volta, un array di celle.

Structure Array

I Structure Array sono simili ai cell array, che abbiamo trattato nel paragrafo precedente, in quanto consentono di raggruppare collezioni di dati dissimili in un'unica variabile. Si differenziano dai cell array poiché i dati sono individuati con dei nomi chiamati "fields" (campi) anziché essere individuati con dei numeri (ciascun campo può contenere dati di qualsiasi tipo o dimensione); inoltre utilizzano la notazione punto al posto delle parentesi graffe. Vediamo subito come definire una struttura di questo tipo, creando un record cliente in una struttura scalare che contiene diversi campi quali nome, importo e dati:

```
>> cliente(1).nome = 'Giuseppe Ciaburro';
>> cliente(1).importo = 250.00;

>> cliente(1).dati = [25, 65, 43; 150, 168, 127.5; 280, 110, 170];

>> cliente

cliente =

  struct with fields:

        nome: 'Giuseppe Ciaburro'
     importo: 250
        dati: [3×3 double]
```

Allo stesso modo è possibile aggiungere ulteriori record per altri clienti, includendo gli indici dopo il nome dell'array:

```
>> cliente(2).nome = 'Luigi Ciaburro';

>> cliente(2).importo = 200.00;

>> cliente(2).dati = [15, 55, 33; 130, 138, 107.5; 250, 100, 130];

>> cliente(2)

ans =

  struct with fields:

        nome: 'Luigi Ciaburro'
     importo: 200
        dati: [3×3 double]
```

Com'è possibile notare, nel primo caso non abbiamo dovuto aggiungere l'indice del record in quanto nella struttura era presente un solo record; nel secondo caso invece è stato necessario inserirlo per effettuare una scelta.

Ogni record dell'array `cliente` rappresenta una struttura appartenente alla classe `struct`. Così come altri array MATLAB, un array di strutture può avere qualsiasi dimensione.

```
>> class(cliente)
ans =

struct
```

Un array del tipo **struct** ha le seguenti proprietà:
- tutte le strutture presenti nell'array hanno lo stesso numero di campi;
- tutte le strutture hanno gli stessi nomi di campo;
- campi con lo stesso nome in diverse strutture possono contenere dati di tipi o dimensioni diversi.

Se si inserisce un nuovo record nella struttura, tutti i campi non specificati conterranno degli array vuoti:

```
>> cliente(3).nome = 'Simone Ciaburro';
>> cliente(3)
ans =
  struct with fields:
      nome: 'Simone Ciaburro'
   importo: []
      dati: []
```

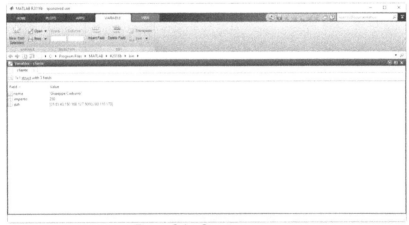

Figura 9.1 – Structure array.

Vediamo ora come accedere agli elementi di un **structure array** in modo da ricavare l'importo relativo al primo cliente, e per creare un grafico a barre dei suoi dati (Figura 9.2):

```
>> ImportoDovuto=cliente(1).importo
ImportoDovuto =
   250
>> bar(cliente(1).dati)
>> title(['Dati relativi al cliente ', cliente(1).nome])
```

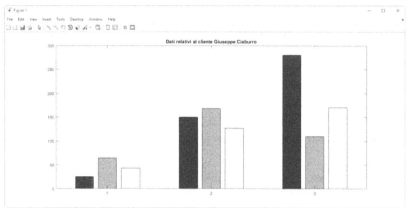

Figura 9.2 – Grafico relativo ai dati di un cliente.

Come abbiamo potuto vedere, per accedere ai dati contenuti nei relativi campi della strutture si utilizza la notazione punto, . , nel senso che al nome della struttura deve essere aggiunto il nome del campo separato da quest'ultimo da un punto. Così per accedere al campo nome del secondo record della struttura che abbiamo appena creato scriveremo:

```
>> cliente(2).nome

ans =

Luigi Ciaburro
```

Per accedere a parte di un campo, è necessario aggiungere gli indici a seconda della dimensione e del tipo di dati contenuti nel campo.
Ad esempio per visualizzare solo il contenuto del campo dati dei primi due clienti scriveremo:

```
>> cliente(1:2).dati

ans =

   25.0000    65.0000    43.0000
  150.0000   168.0000   127.5000
  280.0000   110.0000   170.0000


ans =
```

```
   15.0000   55.0000   33.0000
  130.0000  138.0000  107.5000
  250.0000  100.0000  130.0000
```

Mentre per accedere solo alle prime due righe e due colonne dei valori contenuti nel campo **dati** relativi al primo cliente scriveremo:

```
>> cliente(1).dati(1:2,1:2)

ans =

    25    65
   150   168
```

Vediamo ora come concatenare array di strutture utilizzando l'operatore []. Per fare questo le strutture concatenate, devono avere lo stesso numero di campi, ma tali campi non necessariamente devono contenere gli stessi tipi e formati di dati.

Nell'esempio che analizzeremo creeremo, dapprima due array struttura scalari **1x1**, contenenti cioè un solo record, che nomineremo brevemente **struct1** e **struct2**, ciascuno con due campi che nomineremo **a** e **b**:

```
>> struct1.a = 'primo';

>> struct1.b = [10,20,30];

>> struct1

struct1 =

  struct with fields:

    a: 'primo'
    b: [10 20 30]

>> struct2.a = 'secondo';
>> struct2.b = rand(6);

>> struct2

struct2 =

  struct with fields:
```

```
    a: 'secondo'
    b: [6×6 double]
```

Procediamo quindi alla concatenazione delle due strutture appena create come si fa normalmente con due valori scalari, infatti così come [1, 2] crea un array numerico 1x2, allora [struct1, struct2] crea un array strutturato 1x2:

```
>> Concatenazione = [struct1, struct2]

Concatenazione =

  1×2 struct array with fields:

    a
    b
```

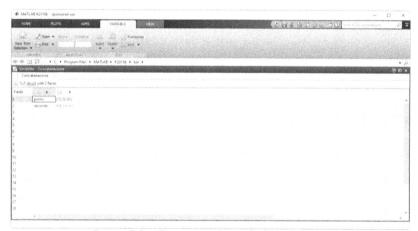

Figura 9.3 – Concatenazione di due strutture.

A questo punto, se si desidera accedere al contenuto di uno specifico campo, così come precisato in precedenza, bisogna indicare il relativo indice dell'array. Ad esempio, per accedere al campo a del secondo record, scriveremo:

```
>> Concatenazione(2).a

ans =
secondo
```

Passiamo ora a trattare il caso in cui si voglia accedere a dati presenti in strutture annidate. Per struttura annidata s'intende una struttura in cui ci sono campi che rappresentano a loro volta delle strutture. La sintassi generale per l'accesso ai dati di un campo di una struttura annidata, è:

```
NomeStruttura(indice).NomeStrutturaAnnidata(indice).NomeCampo(indici)
```

Quando una struttura è del tipo scalare (**1x1**), non c'è bisogno di inserire gli indici di riferimento per il singolo elemento. Ad esempio, per creare una struttura scalare **Struttura**, dove il campo **Nest** è a sua volta una struttura scalare nidificata con campi **A**, **B**, e **C**, si procede nel seguente modo:

```
>> Struttura.Nest.A = ones(4)

>> Struttura.Nest.A

ans =

    1    1    1    1
    1    1    1    1
    1    1    1    1
    1    1    1    1

>> Struttura.Nest.B= eye(3);

>> Struttura.Nest.B

ans =

    1    0    0
    0    1    0
    0    0    1

>> Struttura.Nest.C= magic(2);
>> Struttura.Nest.C

ans =
    1    3
    4    2
```

Proviamo ora ad accedere alla terza fila del campo **B**:

```
>> TerzaFilaB = Struttura.Nest.B(3,:)
```

```
TerzaFilaB =

    0    0    1
```

Proviamo ora a vedere cosa accade quando tentiamo di accedere agli elementi di una struttura non scalare. Per fare questo creiamo dapprima una struttura 1x3 di nome str con un solo campo di nome A:

```
>> Str(1).A = 100;

>> Str(2).A = 'Luigi';

>> Str(3).A = 2*ones(2);
```

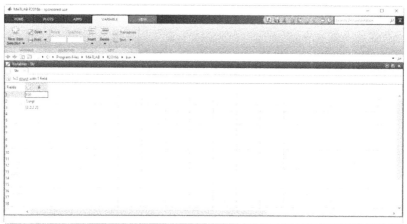

Figura 9.4 – Struttura non scalare.

Sebbene ogni struttura dell'array debba avere lo stesso numero di campi e gli stessi nomi dei campi, il contenuto dei campi può essere di diverso tipo e dimensioni. Quando si fa riferimento al campo A per più elementi dell'array struttura, MATLAB restituisce il contenuto di tale campo, per i diversi record, in un elenco separato da virgole. Vediamo questo attraverso due esempi:

```
>> Str(1:3).A
```

```
ans =

    100
```

```
ans =

Luigi

ans =

     2     2
     2     2

>> Str.A

ans =

   100

ans =

Luigi

ans =

     2     2
     2     2
```

In entrambi i casi è stato restituito l'elenco del contenuto del campo A di tutti i record, ed ogni valore è stato restituito su una nuova riga. Non è possibile assegnare l'elenco ad una singola variabile con la seguente sintassi:

```
>> var = Str.A

var =

   100
```

questo perché i campi della struttura possono contenere diversi tipi di dati, e nel caso in esame sarebbe immagazzinato, in tale variabile solo il valore contenuto nel primo campo. Tuttavia, è possibile assegnare le voci dell'elenco ad uno stesso numero di variabili, come nell'esempio che segue:

```
>> [var1 var2 var3] = Str.A
var1 =
```

```
    100

var2 =

Luigi

var3 =

    2    2
    2    2
```

Tabelle

Le tabelle rappresentano uno strumento estremamente utile per la gestione dei dati, conferma ne è il continuo ricorso ai fogli di calcolo che avviene nei più disparati contesti sociali. Motivo per cui anche MATLAB fornisce gli strumenti necessari per la creazione e la gestione di tabelle. Una tabella (`table` in MATLAB) rappresenta un tipo di dati per la raccolta di elementi eterogenei corredati dalle relative proprietà dei metadati, quali nomi delle variabili, intestazioni di righe e colonne, descrizioni e unità di misura della variabili, tutto questo in un unico contenitore.

Le tabelle sono particolarmente adatte a contenere dati tabulari che sono spesso sistemati in colonne in un file di testo o in un foglio di calcolo. Ogni variabile presente nella tabella può ospitare un tipo di dati diverso, ma deve avere lo stesso numero di righe. Un tipico utilizzo di una tabella è quello di memorizzare dei dati sperimentali, in cui le righe rappresentano le diverse osservazioni del fenomeno e le colonne rappresentano le diverse variabili misurate.

Le tabelle rappresentano quindi dei contenitori per la raccolta e l'organizzazione di dati tra di loro correlati, per la successiva visualizzazione e riepilogo di tali dati. Ad esempio, una volta costruita, da tale tabella sarà particolarmente agevole estrarre le variabili per eseguirne dei calcoli e aggiungere i risultati quali nuove variabili della tabella. Una volta eseguite tutte le operazioni su tali dati, risulterà molto semplice scrivere la tabella in un file per salvarne i risultati.

Detto questo vediamo ora come creare una tabella da variabili presenti nello spazio di lavoro di MATLAB e come procedere alla relativa visualizzazione. In alternativa, è possibile utilizzare lo strumento di importazione o la funzione `readtable()` per creare una tabella da un foglio di calcolo esistente o da un file di testo. Quando s'importano i dati da un file esterno con l'ausilio di tali funzioni, ogni colonna diventa una variabile della tabella.

Per comprendere le potenzialità di tale strumento importiamo nel `workspace` di MATLAB il MAT-file `patients` (presente nella distribuzione del software), che contiene i dati relativi a `100` pazienti. Dopo aver fatto questo potremo visualizzare tutte le variabili in esso contenute nel workspace di MATLAB (Figura 9.5).

```
>> load patients
>> whos
  Name                      Size              Bytes  Class     Attributes

  Age                       100x1               800  double
  Diastolic                 100x1               800  double
  Gender                    100x1             12212  cell
  Height                    100x1               800  double
  LastName                  100x1             12416  cell
  Location                  100x1             15008  cell
  SelfAssessedHealthStatus  100x1             12340  cell
  Smoker                    100x1               100  logical
  Systolic                  100x1               800  double
  Weight                    100x1               800  double
```

Popoliamo, a questo punto, una tabella con le variabili disposte sulle colonne che contengono i dati dei pazienti. È possibile accedere ed assegnare le variabili nella tabella in base al nome. Quando si assegna una variabile ad una tabella da una variabile presente nello spazio di lavoro, è possibile assegnare tale variabile alla tabella fornendole un nome diverso.

Adesso creeremo una tabella e la popoleremo con dati contenuti nei campi (colonne) `Gender`, `Smoker`, `Height`, e `Weight` già presenti quali variabili di lavoro, quindi visualizzeremo, per ragioni di spazio, solo le prime dieci righe:

```
>> Tabella = table(Gender,Smoker,Height,Weight);

>> Tabella(1:10,:)

ans =

    Gender      Smoker     Height     Weight
    _____     _____     _____     _____
```

'Male'	true	71	176
'Male'	false	69	163
'Female'	false	64	131
'Female'	false	67	133
'Female'	false	64	119
'Female'	false	68	142
'Female'	true	64	142
'Male'	false	68	180
'Male'	false	68	183
'Female'	false	66	132

Figura 9.5 – Importazione di dati nel workspace di MATLAB.

In alternativa a tale metodo, è possibile utilizzare la funzione `rea-dtable()`, che ci consente di leggere i dati che ci occorrono da un file in cui tali dati sono stati separati da una virgola. La funzione `readtable()` legge tutte le colonne che si trovano nel file.

Creiamo quindi una tabella leggendo tutte le colonne del file `pa-tients.dat`, già disponibile nella distribuzione del software, e successivamente ne visualizziamo, sempre per ragioni di spazio, solo le prime dieci righe (Figura 9.6).

È possibile assegnare più variabili nella tabella utilizzando la notazione punto, attraverso la seguente sintassi:

```
Tabella.nomevar
```

dove `Tabella` è il nome della tabella mentre `nomevar` è il nome della variabile che s'intende assegnare.

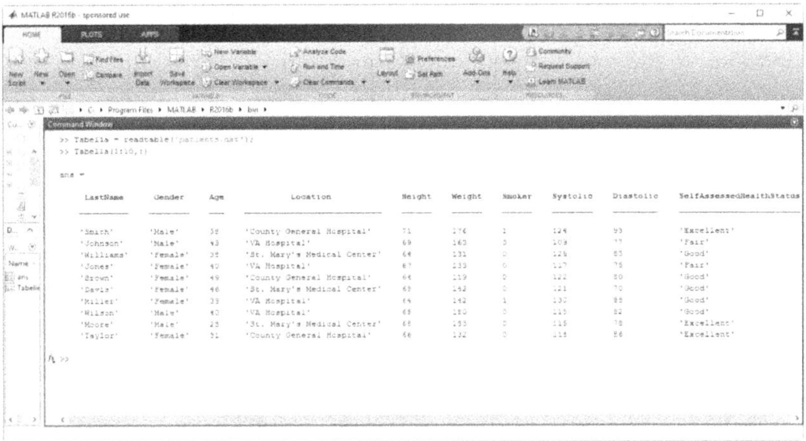

Figura 9.6 – Creazione di una tabella.

È possibile altresì creare degli identificatori per i record (righe) della tabella attraverso l'utilizzo di numeri casuali, per poi assegnarli aggiungendoli come ulteriore campo con relativo nome (ID). Tutte le variabili assegnate ad una tabella devono avere lo stesso numero di righe. Procediamo, ad apportare tali modifiche, al nostro esempio, e come sempre visualizzeremo solo le prime dieci righe e ci limiteremo a quattro le variabili:

```
>> Tabella.ID = randi(1e4,100,1);

>> Tabella(1:10,[2:4 11])

ans =
```

Gender	Age	Location	ID
'Male'	38	'County General Hospital'	8148
'Male'	43	'VA Hospital'	9058
'Female'	38	'St. Mary's Medical Center'	1270
'Female'	40	'VA Hospital'	9134
'Female'	49	'County General Hospital'	6324
'Female'	46	'St. Mary's Medical Center'	976
'Female'	33	'VA Hospital'	2785
'Male'	40	'VA Hospital'	5469
'Male'	28	'St. Mary's Medical Center'	9576
'Female'	31	'County General Hospital'	9649

È possibile notare che per estrarre solo le colonne che ci interessano abbiamo utilizzato la notazione [], inserendo dapprima un intervallo di colonne (2:4) e poi il numero della colonna (11) che ci interessa.

```
>> Tabella(1:10,[2:4 11])
```

Per visualizzare il tipo di dati, la descrizione, le unità di misura, e le altre statistiche descrittive per ogni variabile è possibile creare una tabella di sintesi utilizzando la funzione summary().

```
>> summary(Tabella)
Variables:
    LastName: 100×1 cell array of character vectors
    Gender: 100×1 cell array of character vectors
    Age: 100×1 double
        Values:
            min       25
            median    39
            max       50
    Location: 100×1 cell array of character vectors
    Height: 100×1 double
        Values:
            min       60
            median    67
            max       72
    Weight: 100×1 double
        Values:
            min        111
            median     142.5
            max        202
    Smoker: 100×1 double
        Values:
            min       0
            median    0
            max       1
    Systolic: 100×1 double
        Values:
            min       109
            median    122
            max       138
    Diastolic: 100×1 double
        Values:
            min        68
            median     81.5
            max        99
    SelfAssessedHealthStatus: 100×1 cell array of character vectors
    ID: 100×1 double
        Values:
            min        120
            median     5485.5
            max        9706
```

Nella tabella di sintesi che abbiamo appena creato è possibile visualizzare il numero di dati per ogni campo e poi dei valori statistici quali minimo, massimo e mediana.

Creiamo ora una nuova tabella, di dimensioni contenute rispetto a quella finora utilizzata, contenente le prime `10` righe e solo `5` specifiche colonne (`Gender`, `Age`, `Height`, `Weight`, `ID`). Per fare questo è possibile utilizzare l'indicizzazione numerica tra parentesi tonde, per specificare le righe e le colonne. Questo metodo è simile alla indicizzazione utilizzata negli array numerici per creare campi parziali. La nuova tabella sarà quindi una tabella `10x5`.

```
>> Tabella2 = Tabella(1:10,[2:3 5:6 11])
Tabella2 =
      Gender      Age     Height     Weight      ID

     'Male'       38       71        176        8148
     'Male'       43       69        163        9058
     'Female'     38       64        131        1270
     'Female'     40       67        133        9134
     'Female'     49       64        119        6324
     'Female'     46       68        142         976
     'Female'     33       64        142        2785
     'Male'       40       68        180        5469
     'Male'       28       68        183        9576
     'Female'     31       66        132        9649
```

Facciamo allora un confronto tra le dimensioni della tabella di partenza e quella appena creata:

```
>> size(Tabella)

ans =

   100     11

>> size(Tabella2)
ans =
    10      5
```

Come da noi richiesto a partire da una tabella di dimensioni `100x11`, siamo arrivati ad una tabella `10x5`.

Nella gestione delle tabelle, MATLAB ci consente di aggiungere dei nomi ad ogni riga magari utilizzando il contenuto di una colonna. Nel file che abbiamo utilizzato come esempio, è presente una colonna che contiene i nomi dei pazienti, allora faremo in modo che la tabella che abbiamo creato utilizzi tali nomi quali indici delle righe al posto degli indici numerici.

Nell'esempio che segue, creeremo ancora una volta una tabella dai dati contenuti in un MAT-file, quindi aggiungeremo i nomi di riga assegnandoli pari alla variabile LastName, già presente nel workspace, come proprietà RowNames della tabella.

```
>> load patients
>> Tabella = table(Gender,Smoker,Height,Weight);
>> Tabella(1:10,:)
ans =
      Gender     Smoker     Height     Weight

      _____   _____   _____     _____

      'Male'     true       71         176
      'Male'     false      69         163
      'Female'   false      64         131
      'Female'   false      67         133
      'Female'   false      64         119
      'Female'   false      68         142
      'Female'   true       64         142
      'Male'     false      68         180
      'Male'     false      68         183
      'Female'   false      66         132

>> size(Tabella)

ans =

    100      4
```

Abbiamo finora caricato i dati nel workspace di MATLAB, abbiamo creato la tabella utilizzando solo 4 campi (Gender, Smoker, Height, Weight) dei 10 disponibili, ne abbiamo visualizzato una parte, ed infine abbiamo effettuato il calcolo delle sue dimensioni.
Procediamo ora ad aggiungere un'ulteriore proprietà alla tabella ed a visualizzarne una parte.

```
>> Tabella.Properties.RowNames = LastName;

>> Tabella(1:10,:)
ans =
                  Gender     Smoker     Height     Weight

                  _____   _____   _____     _____

      Smith       'Male'     true       71         176
      Johnson     'Male'     false      69         163
```

```
Williams    'Female'    false    64    131
Jones       'Female'    false    67    133
Brown       'Female'    false    64    119
Davis       'Female'    false    68    142
Miller      'Female'    true     64    142
Wilson      'Male'      false    68    180
Moore       'Male'      false    68    183
Taylor      'Female'    false    66    132
```

Se procediamo al calcolo delle dimensioni della tabella notiamo che esse non cambiano in quanto i nomi delle righe e delle variabili non sono inclusi nel calcolo delle dimensioni della tabella:

```
>> size(Tabella)

ans =

    100     4
```

L'utilità di tale procedura si rende evidente nel momento in cui decidiamo di estrarre dalla tabella solo ed esclusivamente i record che riguardano due cognomi. Selezioniamo allora tutti i dati relativi ai pazienti con cognome Jones e Brown. Risulta chiaro come, in questo caso, sia più semplice utilizzare i nomi di riga che usare gli indici numerici.

```
>> Tabella({'Jones','Brown'},:)

ans =

                Gender      Smoker      Height      Weight

                _____      _____      _____      _____

    Jones       'Female'    false       67          133
    Brown       'Female'    false       64          119
```

Selezioniamo quindi solo due variabili relative ad un paziente, indicizzando la riga in base al nome e la colonna in base all'altezza e il peso del paziente.

```
>> Tabella('Jones',{'Height','Weight'})

ans =

            Height      Weight
```

```
                ____    ____
Jones     67        133
```

È possibile, inoltre, accedere ad un'intera colonna della tabella utilizzando la notazione punto, attraverso la seguente sintassi:

```
Tabella.Height
```

oppure con indicizzazione operata utilizzando il nome della colonna:

```
Tabella (:,'Height')
```

Abbiamo visto finora, come i dati contenuti in una tabella siano a tutti gli effetti della variabili disponibili nel workspace di MATLAB. Allora se questo è vero ne deriva che su di essi potranno essere effettuati dei calcoli utilizzando tutte le funzioni che MATLAB ci mette a disposizione. Infatti è possibile accedere al contenuto di variabili di una tabella, e poi eseguire su di esse dei calcoli utilizzando delle specifiche funzioni. Supponiamo di voler calcolare l'indice di massa corporea (BMI) sulla base dei dati contenuti nella tabella che abbiamo utilizzato negli esempi precedenti e di aggiungere i risultati come nuova variabile.
Calcoliamo dapprima il BMI utilizzando le variabili di tabella, peso e altezza ('Height', 'Weight') quindi inseriamo i risultati quale nuovo campo della tabella, infine ne visualizziamo una parte.

```
>>Tabella.BMI= (Tabella.Weight*0.453592)./(Tabella.Height*0.0254).^2;

>> Tabella(1:10,:)

ans =
```

	Gender	Smoker	Height	Weight	BMI
Smith	'Male'	true	71	176	24.547
Johnson	'Male'	false	69	163	24.071
Williams	'Female'	false	64	131	22.486
Jones	'Female'	false	67	133	20.831
Brown	'Female'	false	64	119	20.426

```
Davis      'Female'    false    68      142     21.591
Miller     'Female'    true     64      142     24.374
Wilson     'Male'      false    68      180     27.369
Moore      'Male'      false    68      183     27.825
Taylor     'Female'    false    66      132     21.305
```

Aggiungiamo poi al campo appena creato delle proprietà che ci consentiranno di meglio caratterizzarne il contenuto. In particolare aggiungeremo le unità di misura della variabile BMI e una sua descrizione.

È infatti possibile aggiungere tali informazioni quali metadati per ogni variabile della tabella, per descrivere ulteriormente i dati in essa contenuti.

```
>> Tabella.Properties.VariableUnits{'BMI'} = 'kg/m^2';

>> Tabella.Properties.VariableDescriptions{'BMI'} = 'Body Mass Index';
```

Per verificare che tali informazioni siano realmente state aggiunte alla tabella visualizziamone una tabella di sintesi attraverso l'impiego della funzione summary().

```
>> summary(Tabella(:,'BMI'))

Variables:
    BMI: 100×1 double
        Units:  kg/m^2
        Description:  Body Mass Index
        Values:

            min       17.792
            median    23.798
            max       31.312
```

Per visualizzare al meglio i dati presenti in una tabella può risultare utile riordinare i dati sia in base alle righe sia in base alle colonne. Ad esempio, per riordinare la tabella in modo che i pazienti siano elencati in ordine alfabetico, scriveremo:

```
>> Tabella = sortrows(Tabella,'RowNames');

>> Tabella(1:10,:)
```

```
ans =
                Gender     Smoker     Height     Weight      BMI

                _____     _____     _____     _____     _____

    Adams       'Female'   false      66         137        22.112
    Alexander   'Male'     true       69         171        25.252
    Allen       'Female'   false      63         143        25.331
    Anderson    'Female'   false      68         128        19.462
    Bailey      'Female'   false      68         130        19.766
    Baker       'Male'     true       71         192        26.778
    Barnes      'Male'     false      66         194        31.312
    Bell        'Male'     true       70         170        24.392
    Bennett     'Female'   false      64         131        22.486
    Brooks      'Male'     false      72         176         23.87
```

Per riordinare la tabella in modo che i campi siano elencati in ordine inverso, scriveremo:

```
>> Tabella = Tabella(:,[5 4 3 2 1]);

>> Tabella(1:10,:)
ans =
                BMI       Weight    Height    Smoker    Gender

                _____    _____    _____    _____    _____

    Adams       22.112    137       66        false     'Female'
    Alexander   25.252    171       69        true      'Male'
    Allen       25.331    143       63        false     'Female'
    Anderson    19.462    128       68        false     'Female'
    Bailey      19.766    130       68        false     'Female'
    Baker       26.778    192       71        true      'Male'
    Barnes      31.312    194       66        false     'Male'
    Bell        24.392    170       70        true      'Male'
    Bennett     22.486    131       64        false     'Female'
    Brooks       23.87    176       72        false     'Male'
```

Array Categoriali

Le variabili categoriali sono destinate a contenere dati che presentano valori appartenenti ad un insieme finito di categorie discrete. Queste categorie possono avere un ordine naturale, così come possono essere non ordinate. Una variabile è categoriale non ordinata se la proprietà da registrare assume valori discreti non ordinabili. Alle categorie della variabile è assegnato un valore che non ha alcun significato oltre a quello di identificare una categoria e distinguerla dalle altre (ad esempio uomo, donna). Di contro, una variabile si dice categoriale ordinata se la proprietà da registrare assume valori discreti ordinabili. In questo caso, alle categorie della variabile è assegnato un valore che riflette le relazioni d'ordine fra esse (ad esempio 1,2,3,4..).

Gli array categoriali ci forniscono un valido strumento per l'archiviazione e la manipolazione di variabili categoriali. Sono spesso utilizzati in una tabella per definire gruppi di righe. Per impostazione predefinita, gli array categoriali contengono categorie che non hanno un ordine matematico. Per esempio, l'insieme discreto di categorie animali {`uccello` `gatto` `cane`} non ha alcun significativo ordine matematico, cosicché MATLAB utilizzerà l'ordine alfabetico per un eventuale riordino {`cane` `gatto` `uccello`}. Gli array categoriali ordinali, invece, contengono categorie che assumono un significativo ordine matematico. Ad esempio, l'insieme discreto di categorie dimensionali {`piccolo`, `medio`, `grande`} presenta un preciso ordine matematico:

```
piccolo <medio < grande
```

È possibile utilizzare la funzione `categorical()` per creare un array categoriale da un array numerico, da un array logico, da un array di celle, da un array di caratteri, ma anche da un array categoriale già esistente.

Per analizzare, con un esempio, la procedura di creazione di un array categoriale, iniziamo con il creare un array di celle 1x5 contenente a sua volta vettori di caratteri che rappresentano le sigle delle cinque province della regione Campania:

```
>> campania={'NA' 'CE' 'SA' 'BN' 'AV'}
campania =
  1×5 cell array

    'NA'    'CE'    'SA'    'BN'    'AV'
>> class(campania)
ans =
cell
```

Fatto questo, convertiamo il `cell array`, `campania`, in un array categoriale che non presenta alcun ordine matematico:

```
>> campania=categorical(campania)
campania =
```

```
    NA      CE      SA      BN      AV
>> class(campania)
ans =
categorical
```

Provvediamo quindi ad elencare le categorie discrete contenute nella variabile `campania`:

```
>> categories(campania)
ans =
  5×1 cell array
    'AV'
    'BN'
    'CE'
    'NA'
    'SA'
```

Com'è possibile notare le categorie sono elencate in ordine alfabetico. Passiamo ora ad analizzare un ulteriore esempio in cui tratteremo un array categoriale ordinato; per fare questo iniziamo con il creare un array di celle `1x10` contenente vettori di caratteri che rappresentano le dimensioni di `10` oggetti specifici.

```
>> Dimensioni={'grande', 'piccolo', 'piccolo', 'medio', ….
 'medio', 'grande', 'medio', 'piccolo', 'grande', 'piccolo'}
Dimensioni =
  1×10 cell array
    'grande'      'piccolo'      'piccolo'      'medio'      'medio'
             'grande'    'medio'    'piccolo'    'grande'    'piccolo'
```

L'array di celle, `Dimensioni`, ha tre valori distinti: `'grande'`, `'medio'` e `'piccolo'`. Con l'utilizzo di un `cell array` di vettori di caratteri, non esiste un modo conveniente per indicare che tra tali valori esista un ordine matematico preciso e cioè che risulti:

```
piccolo <medio <grande
```

Per fare questo sarà necessario convertire l'array di celle, `Dimensioni`, in un array categoriale ordinale. A tal proposito possiamo utilizzare la variabile `SetValori` per specificare i valori (piccolo, medio e grande), che definiscono le categorie. Per un array categoriale ordinale, la prima categoria specificata è la più piccola e l'ultima categoria la più grande.

```
>> SetValori = {'piccolo', 'medio', 'grande'}
SetValori =
  1×3 cell array
    'piccolo'    'medio'    'grande'
```

Passiamo quindi a convertire l'array di celle tenendo conto di questa ulteriore proprietà:

```
>> DimensioniOrdinate=categorical(Dimensioni,SetValori,'Ordinal',true)
DimensioniOrdinate =
      grande       piccolo      piccolo      medio      medio      grande
  medio      piccolo      grande      piccolo
```

Com'è possibile notare, l'ordine dei valori array categoriale ordinale, **DimensioniOrdinate**, rimane invariato. Passiamo allora ad elencare le categorie discrete definite nella variabile categorica, **DimensioniOrdinate**:

```
>> categories(DimensioniOrdinate)
ans =
  3×1 cell array
    'piccolo'
    'medio'
    'grande'
```

In questo caso, le categorie sono elencate nell'ordine specificato in modo che corrisponda all'ordine matematico:

```
piccolo <medio <grande
```

Nell'esempio che segue tratteremo il caso della creazione di un array categoriale ordinale da dati numerici del tipo **binning**. Ricordiamo, a tal proposito, che per **binning** dei dati s'intende una tecnica di pre-elaborazione utilizzata per ridurre gli effetti degli errori di osservazione. I valori dei dati originali, che rientrano in un determinato intervallo (**bin**), saranno sostituiti da un valore rappresentativo di tale intervallo, spesso identificato con il valore centrale. Per tale scopo, creiamo un vettore di 200 numeri casuali compresi tra 0 e 100.

```
>> Vettore=rand(200,1)*100;
```

A questo punto utilizzeremo la funzione discretive() per creare un array categoriale dal binning dei valori di Vettore. Divideremo il range di valori (0 100), in tre bin (0-33, 33-66, 66-100), ogni bin comprenderà l'estremo di sinistra, ma non includerà quello di destra. Provvederemo altresì a fornire un nome ad ognuno dei tre bin così individuati.

```
>> NomiBin = {'PrimoBin', 'SecondoBin', 'TerzoBin'};

>> DatiBin = discretize(Vettore,[0 33 66 100],'categorical',NomiBin);
```

In questo modo avremo creato un array categoriale 200x1 ordinale con tre categorie, tale che:

```
PrimoBin < SecondoBin < TerzoBin
```

È possibile utilizzare la funzione summary() per stampare il numero di elementi di ogni categoria:

```
>> summary(DatiBin)
     PrimoBin       68
     SecondoBin     64
     TerzoBin       68
```

Capitolo decimo
Sviluppo di App in Matlab

Nei capitoli precedenti abbiamo avuto la possibilità di verificare, praticamente, le grandi potenzialità di calcolo dell'ambiente MATLAB. Inoltre ci è stato chiaro che la programmazione diventi un gioco da ragazzi se sfruttiamo a pieno gli strumenti che il software ci mette a disposizione. Infine abbiamo avuto conferma dell'estrema semplicità necessaria per visualizzare, in formati professionali, i risultati delle nostre simulazioni. Dopo tutto questo, in questo capitolo, avremo modo di constatare che MATLAB rappresenta una valida alternativa, a piattaforme specifiche disponibili in commercio, per lo sviluppo di applicazioni grafiche.

Mi riferisco alle cosiddette APP (Graphical User Interface Development Environment), che rappresentano delle finestre del tutto simili a quelle create con linguaggi di programmazione visuali tipo Visual Basic, con le quali la gestione interattiva di un'applicazione diventa intuitiva, semplice ed estremamente veloce. Si tratta, quindi, di finestre grafiche in cui è possibile inserire menu, bottoni, testo, grafici ecc. che permettono a un utente di manipolare in modo interattivo, con l'utilizzo del mouse e della tastiera, una qualsiasi applicazione realizzata.

La necessità dello sviluppo di un'app può trarre origine da diversi motivi; in ogni caso il suo utilizzo si rende particolarmente utile per introdurre informazioni ausiliarie o per indirizzare il nostro processo in una particolare direzione. Risulta evidente che una costruzione di questo tipo è tipica della programmazione Windows, che come è noto fa largo uso di interfacce grafiche proprio per l'utilizzo intuitivo che le contraddistingue.

Infatti, con l'utilizzo di una app sarà molto semplice, per esempio, manipolare un grafico una volta tracciata la curva, senza dover digitare nuovamente i numerosi comandi che, come abbiamo visto, ci aiutano nella realizzazione di diagrammi di livello professionale.

Per analizzare l'efficacia di un'app di MATLAB, possiamo esaminare uno dei casi specifici offertoci dalla piattaforma, infatti, nella vasta raccolta di app che sono fornite a corredo del software, possiamo trovare diversi esempi che utilizzano delle applicazioni grafiche per automatizzare i processi di scelta ad opera dell'utente. Ricordiamo, a tal proposito, che per visualizzare le app di MATLAB è sufficiente scegliere la scheda APPS disponibile nella barra delle applicazioni, così come mostrato nella Figura 10.1.

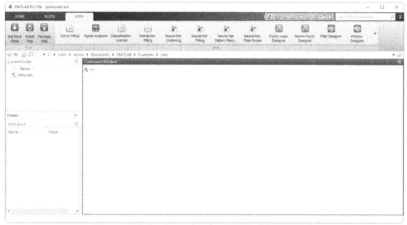

Figura 10.1 – La scheda APPS di MATLAB.

In essa potremo individuare una serie di esempi, il numero dei quali dipende dai pacchetti disponibili nella nostra licenza. Per avviare una delle app disponibili basterà cliccare sulla relativa i-cona presente nella barra degli strumenti.

Anche se esse sembrano di difficile realizzazione, sarà per noi estremamente semplice sviluppare delle app, attraverso gli strumenti che MATLAB ci mette a disposizione. Iniziamo con il precisare che possiamo sviluppare delle app in MATLAB attraverso tre differenti modalità:
1. utilizzando un ambiente drag-and-drop per la realizzazione di interfacce utente denominato GUIDE;
2. utilizzando le funzioni di cui MATLAB dispone, per la creazione di applicazioni attraverso algoritmi di programmazione;
3. utilizzando l'applicazione App Designer.

L'ambiente di sviluppo GUIDE

GUIDE che rappresenta l'acronimo di Graphical User Interface Development Environment, come già anticipato, è un ambiente drag-and-drop per la realizzazione di interfacce utente (UI). Tramite tale ambiente di sviluppo, sarà possibile codificare il comportamento interattivo della nostra applicazione. Così le applicazioni create utilizzando l'ambiente GUIDE saranno in grado, ad esempio, di visualizzare qualsiasi tipo di diagramma. GUIDE ci fornisce vari componenti interattivi, tra cui menu, barre degli strumenti, e tabelle.

Nella procedura di creazione di una APP è possibile distinguere due fasi principali:
1. creazione del layout (veste grafica della APP);
2. scrittura delle funzioni `callback` che ci permetteranno di eseguire le operazioni desiderate nel momento in cui l'utente selezionerà le differenti opzioni.

Creazione del layout con GUIDE

Possiamo utilizzare l'app GUIDE per realizzare il layout della APP ma anche per programmare le operazioni che tramite essa dovranno essere eseguite. Nel primo caso ci serviremo del `Layout Editor` per creare la struttura grafica della APP attraverso l'inserimento di oggetti grafici quali bottoni, caselle di testo, menu ecc.
In questo modo tutti gli elementi introdotti saranno salvati in un file con estensione `.fig`.
Potremo invece programmare le operazioni da effettuarsi andando a manipolare l'M-file che verrà automaticamente generato da GUIDE, e che conterrà appunto tutte le operazioni associate agli oggetti grafici introdotti attraverso il `Layout Editor`.

Per avviare il tool basterà digitare GUIDE nella `Command Window`:

```
>> guide
```

In questo modo si aprirà la finestra mostrata nella Figura 10.2.

Figura 10.2 – L'ambiente di sviluppo GUIDE.

In tale finestra è possibile distinguere due schede:

- `Create New GUI`, che crea una nuova APP (in questo caso si potrà scegliere uno dei template offerti da MATLAB per semplificarci il lavoro);

- `Open Existing GUI`, che apre invece una APP già esistente al fine di effettuare dei cambiamenti.

In entrambi i casi sarà aperto il `Layout Editor`, che rappresenta l'ambiente fornitoci da MATLAB per la creazione della nostra applicazione. L'aspetto grafico del `Layout Editor` è mostrato nella Figura 10.3, in cui è possibile distinguere l'area di lavoro (Area di Layout) al centro e la `Component Palette` sulla sinistra, che contiene gli oggetti che è possibile inserire nella nostra app, oltre alle solite barre dei menu e degli strumenti standard tipiche delle applicazioni Windows.

Particolare attenzione merita la `Component Palette`, che come già anticipato, contiene gli oggetti che è possibile inserire nella nostra app. Così com'è possibile verificare dalla Figura 10.2, per lasciare maggiore spazio all'area di layout, gli oggetti elencati nella `Component Palette` compaiono sottoforma di piccole icone.

Per individuare con maggiore dettaglio tali componenti è possibile visualizzarne i nomi. Per fare questo seguiamo la seguente procedura:

- selezioniamo `File > Preferences > GUIDE`;

- spuntiamo la voce `Show names in component palette`;

- facciamo click prima su `Apply` quindi su `OK`.

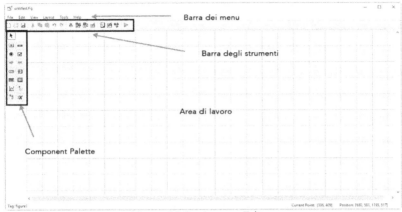

Figura 10.3 – Layout Editor.

In questo modo il `Layout Editor` assume l'aspetto riportato nella Figura 10.4.

Come già anticipato, la Component Palette, contiene gli oggetti che è possibile inserire nell'app. Utilizzando i bottoni in essa presenti sarà possibile inserire i seguenti oggetti:
- `Push Button` (richiama un evento con il solo clic);
- `Slider` (utilizzata per rappresentare un range di valori);
- `Radio Button` (indica un'opzione che può essere selezionata);
- `Check Box` (indica lo stato di un'opzione o di un attributo);
- `Edit Text` (casella di testo);
- `Static Text` (mostra una stringa di testo in una casella);
- `Pop-up Menu` (fornisce una lista di opzioni mutuamente esclusive);
- `Listbox` (mostra un lista di opzioni selezionabili con lo scroll);
- `Toggle Button` (fornisce solo due scelte: on/off);
- `Axes` (permette di visualizzare dei grafici nella GUI);
- `Panel` (pannello in cui sono raggruppati più controlli);
- `Button Group` (simile a `Panel` ma in relazione a `Radio Button` e `Toggle Button`);
- `ActiveX Control` (inserisce controlli ActiveX).

A ognuno degli oggetti appena elencati potranno essere associate operazioni specifiche, che si attiveranno secondo le modalità tipiche del determinato oggetto.
La barra dei menu del `Layout Editor` (Figura 10.3), presenta una serie di menu che racchiudono tutti i comandi utilizzabili all'interno dell'ambiente di lavoro, suddivisi per categorie.

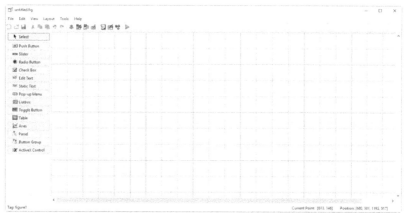

Figura 10.4 – Layout Editor con i nomi dei componenti.

Nella barra degli strumenti (Figura 10.3) sono presenti delle icone che attivano altrettanti comandi che si rivelano particolarmente interessanti; analizziamone gli aspetti attraverso delle descrizioni sintetiche:

- `Align Objects`, ci permette in maniera precisa e veloce, di fornire agli oggetti inseriti nella APP un allineamento ben preciso sia verticale che orizzontale;

- `Menu Editor`, apre una nuova finestra dalla quale è possibile inserire dei menu nella APP: si tratta infatti di un vero e proprio editor di menu;

- `Tab Order Editor`, si tratta di un editor che ci permette di stabilire l'ordine con il quale si susseguiranno gli elementi presenti nella nostra APP;

- `M-file Editor`, apre l'editor di MATLAB nel quale sarà possibile analizzare il codice associato agli oggetti già inseriti nella APP ed eventualmente modificarlo;

- `Property Inspector`, ci permette di controllare tutte le proprietà associate alla APP ed eventualmente di modificarle;

- `Object Browser`, rappresenta il browser degli oggetti inseriti nella APP e quindi ci permette di visualizzare in modo rapido tutti gli oggetti presenti;

- `Run`, avvia la APP.

Vediamo ora come aggiungere gli elementi disponibili nella `Component Palette` nell'`Area di Layout`. Per inserire degli oggetti nell'`Area di Layout` si possono seguire due diverse procedure:

1) trascinare l'oggetto dalla `Component Palette`, tenendo premuto il tasto sinistro del mouse, in una posizione qualsiasi dell'Area di Layout e quindi rilasciare il tasto;

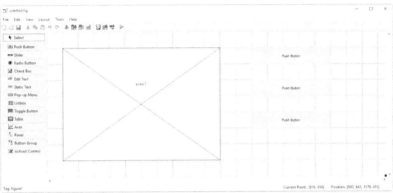

Figura 10.5 – Esempio d'inserimento di elementi nell'Area di Layout.

2) selezionare l'oggetto nella `Component Palette`. In tal caso il cursore cambierà aspetto assumendo quello di una croce; allora posizionare il cursore nell'Area di Layout, nella posizione in cui si desidera sia collocato l'oggetto, e cliccare (tale posizione coinciderà con l'angolo in alto a sinistra dell'oggetto). Nel caso in cui si voglia dimensionare in modo opportuno l'oggetto, dopo aver selezionato l'oggetto e posizionato il cursore, cliccare e, tenendo premuto il tasto sinistro, spostare il mouse in modo da stabilire le dimensioni dell'oggetto stesso.

Seguendo tali procedure potremo costruire il layout dell'interfaccia grafica che stiamo creando in modo semplice ma rigorosamente preciso, aggiungendo tutti i componenti che ci permetteranno di inserire i controlli necessari alla realizzazione del processo in esame.

Dopo aver visto come inserire degli oggetti nell'Area di Layout, vediamo ora come manipolare tali oggetti. In particolare impareremo a selezionarli, spostarli, copiarli e cancellarli.
Per selezionare gli oggetti utilizzare uno dei seguenti metodi:
- cliccare sul singolo oggetto per selezionarlo;
- premere la combinazione di tasti `Ctrl+A` per selezionare tutti gli oggetti presenti nell'`Area di Layout`;

- cliccare e spostare il cursore per disegnare un'area rettangolare che contenga al suo interno tutti gli oggetti che si desidera selezionare;
- selezionare oggetti multipli mediante l'utilizzo dei tasti Maiusc e Ctrl.

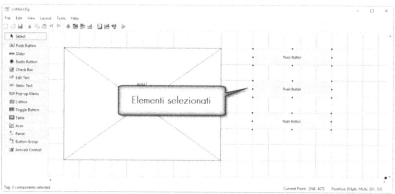

Figura 10.6 – Esempio di selezione di elementi nell'Area di Layout.

Per spostare gli oggetti utilizzare uno dei seguenti metodi:
- trascinare gli oggetti selezionati nella posizione desiderata e rilasciare;
- dopo aver selezionato gli oggetti che si desidera spostare, utilizzare i tasti freccia per determinarne la nuova posizione.

Per copiare, tagliare o eliminare degli oggetti selezionati è possibile utilizzare gli analoghi comandi presenti nel menu Edit della barra dei menu del Layout Editor.

Per incollare degli oggetti utilizzare il comando Paste presente nel menu Edit, la relativa icona presente nella barra degli strumenti o la combinazione di tasti Ctrl+V.

Infine, per duplicare un oggetto già presente nell'Area di Layout seguire uno dei seguenti metodi:
- copiare e incollare gli oggetti selezionati come descritto in precedenza;
- selezionare il comando Duplicate dal menu Edit; in questo modo una copia esatta dell'oggetto sarà posizionata in basso a destra dell'oggetto originale;
- selezionare l'oggetto, fare clic destro per aprire il menu contestuale, scegliere la voce Duplicate e trascinare l'oggetto nella posizione desiderata.

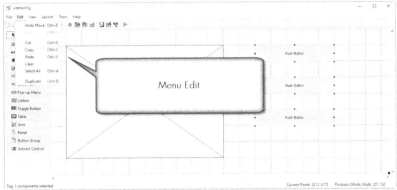

Figura 10.7 – Il menu Edit della finestra di GUIDE.

Una volta impostato l'aspetto della nostra app, potremo da subito avviarla, semplicemente selezionando il comando Run presente nel menu Tools oppure cliccando sulla relativa icona presente nella barra degli strumenti (Figura 10.8).

Nel momento in cui avviamo una APP si verificano i seguenti eventi:

1) il tool GUIDE dapprima ci avvisa che sta effettuando il salvataggio dell'M-file e del FIG-file relativi alla APP in questione; tale avviso ci viene impartito attraverso la consueta finestra di dialogo tipica dei sistemi operativi ad interfaccia grafica;

2) se si risponde affermativamente alla domanda posta, e se la nostra app non era già stata salvata precedentemente, allora GUIDE apre la finestra di dialogo Save As in cui sarà possibile scegliere contemporaneamente il nome del FIG-file e del M-file generati;

3) nel momento in cui clicheremo sul bottone Save della finestra Save As, il tool GUIDE salverà il FIG-file con lo stesso nome attribuito al M-file ma con estensione .fig;

4) se invece esiste già un M-file con lo stesso nome, allora GUIDE ci mostra a video la richiesta di sostituire il file esistente con quello corrente oppure se vogliamo aggiungere il file corrente in coda a quello esistente;

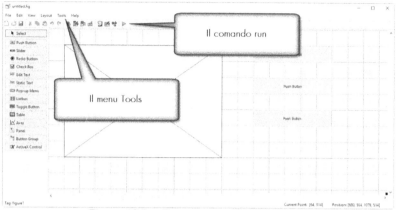

Figura 10.8 – Come avviare la nostra app.

5) se la directory presente nel file system del nostro computer, in cui desideriamo salvare l'app, non è inserita nel `path` di MATLAB, allora `GUIDE` apre una finestra di dialogo con tre opzioni:
- `Change MATLAB current directory` cambia la directory corrente di MATLAB con la directory in cui abbiamo salvato l'app;
- `Add directory to the top of the MATLAB path` aggiunge la directory in cui abbiamo salvato l'app in cima al path di MATLAB;
- `Add directory to the bottom of the MATLAB path` aggiunge la directory in cui abbiamo salvato l'app in coda al path di MATLAB;

6) infine, MATLAB esegue l'`M-file` e visualizza l'app.

Prima di descrivere in modo dettagliato come collegare la veste grafica dell'APP alla programmazione delle azioni che la stessa dovrà compiere al comando dell'utente, analizziamo dapprima un semplice esempio che ci farà comprendere il funzionamento dell'ambiente di sviluppo `GUIDE` in modo semplice e senza particolare sforzo.
Supponiamo di volere realizzare una semplice app che ci consentirà di visualizzare il grafico delle funzioni trigonometriche `sin(x)`, `cos(x)`, `tan(x)` e `atan(x)`, semplicemente scegliendole da un menu pop-up.
Iniziamo con la creazione del layout della nostra prima APP: per fare questo digitiamo il comando `guide` al prompt di MATLAB.

```
>> guide
```

In questo modo si aprirà la finestra mostrata nella Figura 10.2. A questo punto clicchiamo sulla voce `Blank GUI` della scheda `Create New GUI`.

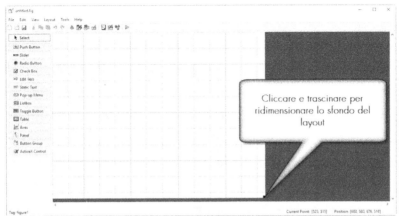

Figura 10.9 – Come ridimensionare lo sfondo.

Impostiamo quindi le dimensioni della finestra ridimensionando l'area della griglia nel layout editor. Facciamo clic nell'angolo in basso a destra della finestra e trasciniamo fino a quando la dimensione dello sfondo risulti sufficiente a contenere i nostri oggetti (Figura 10.9). Se necessario, sarà possibile aumentare o diminuire tali dimensioni in un secondo tempo.

Passiamo ora ad aggiungere i componenti della nostra app nell'ordine:
- 4 push button;
- 1 Axes.

Selezioniamo lo strumento `push button` dalla `Component Palette`, presente sul lato sinistro del layout editor e trasciniamolo nella zona layout. Ripetiamo tale operazione creando così quattro pulsanti, ridimensionandoli e posizionandoli approssimativamente come mostrato nella figura 10.10.
Passiamo quindi ad inserire l'oggetto `Axes` che ospiterà il grafico desiderato. Per rendere l'area di Layout più ordinata, è possibile utilizzare lo strumento di allineamento per allineare gli oggetti che abbiamo in essa inseriti. Per allineare i pulsanti, l'etichetta e il menu pop.up:

1) selezioniamo gli oggetti premendo `Ctrl` e facendo clic su di essi;

2) selezioniamo il comando `Tools > Align Objects`;

3) nella scheda che si apre selezioniamo il criterio di allineamento voluto e confermiamo la nostra scelta cliccando su `Apply`.

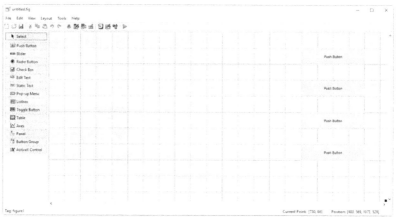

Figura 10.10 – Inserimento di Push Button.

Ciascuno dei quattro pulsanti che abbiamo inserito nella nostra APP ci consentirà di specificare un tipo di funzione trigonometrica: `sin(x)`, `cos(x)`, `tan(x)` e `atan(x)`. Per ricordare all'utente tale possibile scelta etichetteremo i pulsanti con queste opzioni. Per fare questo basterà selezionare il relativo oggetto e scegliere il comando `Property Inspector` disponibile nel menu `View` (oppure semplicemente cliccare due volte sull'oggetto). In entrambi i casi si aprirà la finestra `Inspector` (Figura 10.11).

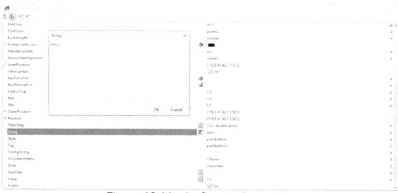

Figura 10.11 – La finestra Inspector.

In essa sarà possibile impostare tutte le caratteristiche dell'oggetto in questione; nel nostro caso procederemo a modificare l'etichetta del pulsante cliccando sulla voce String ed inserendo al posto di Push Button il testo Sin(x) e poi in corrispondenza del campo FontSize inseriremo il valore 16. Analoga operazione andrà eseguita per i restanti tre pulsanti.

A questo punto la veste grafica della nostra prima APP sarà terminata e potremo procedere con il salvataggio del lavoro. Ricordiamo, a tal proposito, che quando si salva un layout, GUIDE crea due file, un file di figura con estensione .fig e un file di codice con estensione .m. Il file figura, con estensione .fig, è un file binario che contiene una descrizione del layout. Il file di codice, con estensione .m, contiene invece le funzioni MATLAB che controllano il comportamento dell'applicazione.

Per salvare quanto finora fatto seguiremo la seguente procedura:

1) Salvare ed eseguire il programma selezionando il comando Tools > Run.

2) GUIDE visualizza una finestra di dialogo con la scritta : "Activating will save changes to your figure file and MATLAB code. Do you wish to continue?" Fare clic su Sì.

3) GUIDE apre allora una finestra di dialogo Salva con nome nella cartella corrente e richiede un nome per il file di figura.

4) Individuare una cartella qualsiasi per cui si dispone dei privilegi di scrittura, e quindi inserire il file con il nome PrimaApp. GUIDE salva sia il FIG-file sia il file di codice con il nome che noi abbiamo indicato.

5) Se la cartella in cui si desidera salvare i file non si trova sul percorso MATLAB, GUIDE apre una finestra di dialogo che consente di modificare la cartella corrente.

6) GUIDE salva i file PrimaApp.fig e PrimaApp.m, e quindi esegue il programma. Si apre anche il file di codice nel vostro editor di default.

L'applicazione si aprirà in una nuova finestra; è possibile notare che la finestra non ha il menu standard e la barra degli strumenti che mostrano le finestre delle figure MATLAB. È possibile aggiungere i propri menu e i pulsanti della barra degli strumenti con GUIDE, ma di default un'applicazione creata con GUIDE non include alcuno di questi componenti.

Quando si esegue l'applicazione `PrimaApp`, è possibile fare clic sui pulsanti che abbiamo inserito, ma, come è possibile verificare, non succede nulla. Questo perché il file di codice non contiene alcuna dichiarazione sulle azioni da intraprendere quando si fa click sui pulsanti.

Per eseguire la stessa applicazione al di fuori dell'ambiente di sviluppo GUIDE, basterà eseguire il file di codice digitando il suo nome:

```
>>PrimaApp
```

È inoltre possibile utilizzare il comando `run` seguito dal nome del file di codice, ad esempio:

```
>>run PrimaApp
```

In ogni caso se si tenta di eseguire l'applicazione, aprendo il relativo file di figura (quello con estensione `.fig` per intenderci), al di fuori di GUIDE, esso si apre e appare pronto per l'uso, ma l'interfaccia utente non si inizializza e le `callback` ad esso associate non funzionano.

Vediamo ora come codificare il comportamento della nostra prima App; quando abbiamo salvato il layout, GUIDE ha creato per noi due file: un file di figura con estensione `.fig` e un file di codice con estensione `.m`. Tuttavia, se clicchiamo sui pulsanti l'applicazione non risponde perché il file `PrimaApp.m` destinato a contenere le dichiarazioni che eseguono le azioni nella fattispecie è ancora vuoto. Ora vedremo appunto come aggiungere il codice per rendere l'applicazione funzionante.

La prima cosa da fare è quella di generare i dati che intendiamo poi diagrammare quando l'utente fa clic su un pulsante. La `opening function` genera questi dati utilizzando funzioni MATLAB. La `opening function` inizializza l'interfaccia utente quando questa si apre, ed è la prima `callback` presente in ogni file di codice generato da GUIDE.

Di seguito, aggiungeremo, alla `opening function`, il codice che crea un set di dati e ne calcola le funzioni trigonometriche principali. Il codice utilizzerà le funzioni MATLAB `sin()`, `cos()`, `tan()` e `atan()`.

Figura 10.12 – La opening function.

Seguiamo a tal proposito la seguente procedura:

1) Visualizzare la `opening function` nell'editor MATLAB. Se il file `PrimaApp.m` non è già aperto nell'editor, selezioniamo il comando `View > Editor`.

2) Nella scheda Editor, individuare la sezione `Navigate` e cliccare sul pulsante `Go To`, nel menu a tendina che si aprirà selezionare la voce `PrimaApp_OpeningFcn` (Figura 10.12). Il cursore si sposta in corrispondenza della `opening function`, che contiene il codice seguente:

```
% --- Executes just before PrimaApp is made visible.
function PrimaApp_OpeningFcn(hObject, eventdata, handles, varargin)
% This function has no output args, see OutputFcn.
% hObject    handle to figure
% eventdata  reserved - to be defined in a future version of MATLAB
% handles    structure with handles and user data (see GUIDATA)
% varargin   command line arguments to PrimaApp (see VARARGIN)

% Choose default command line output for PrimaApp
handles.output = hObject;

% Update handles structure
guidata(hObject, handles);

% UIWAIT makes PrimaApp wait for user response (see UIRESUME)
% uiwait(handles.figure1);
```

Creiamo i dati da diagrammare aggiungendo il relativo codice subito dopo il commento che inizia con `% varargin...`:

```
%Creare i dati da diagrammare
t = 0:pi/10:2*pi;
handles.y1=sin(t);
handles.y2=cos(t);
handles.y3=tan(t);
handles.y4=atan(t);
handles.t=t;
```

Il codice appena visualizzato crea i dati utilizzando le funzioni tri-gonometriche di MATLAB, i dati così ottenuti sono memorizzati nelle cosiddette strutture handle, argomenti questi previsti da tut-te le callback. In questo modo le callback associate ai pulsanti sa-ranno in grado di recuperare i dati dalle handle structure.
Passiamo ora a codificare il comportamento dei pulsanti inseriti nella nostra APP. Ognuno dei pulsanti crea un tipo diverso di grafico usando i dati specificati nella opening function. Le callback dei pulsanti recupereranno i dati dalle handle structure e quindi traccerranno i relativi grafici. Per fare questo seguiamo la seguen-te procedura.

1) Per visualizzare, nell'Editor di MATLAB, la callback associata al pulsante sin(x), fare clic su tale pulsante, e quindi selezionare View Callbacks > Callback. Nell'editor di MATLAB il cursore si sposta in corrispondenza della seguente funzione:

```
% --- Executes on button press in pushbutton1.
function pushbutton1_Callback(hObject, eventdata, handles)
% hObject    handle to pushbutton1 (see GCBO)
% eventdata  reserved - to be defined in a future version of MATLAB
% handles    structure with handles and user data (see GUIDATA)
```

Questo perché il pulsante sin(x), essendo il primo pulsante che abbiamo inserito nell'area di layout è stato nominato come pu-shbutton1 (possiamo verificare il tutto andando a controllare nella finestra Inspector nel pulsante).

2) Aggiungere il seguente codice alla callback, subito dopo il commento che inizia con % handles ...

```
plot(handles.t,handles.y1)
```

3) Ripetere i passaggi **1** e **2** per aggiungere codice simile alle `cal-lback` degli altri pulsanti.
Per il pulsante `Cos(x)`:

```
plot(handles.t,handles.y2)
```

Per il pulsante `Tan(x)`:

```
plot(handles.t,handles.y3)
```

Per il pulsante `Atan(x)`:

```
plot(handles.t,handles.y4)
```

4) Salvare il codice selezionando `File > Save`.

A questo punto, possiamo ritenere completata la realizzazione della nostra prima app e quindi siamo in grado di eseguire l'applicazione. Per fare questo possiamo semplicemente cliccare sul pulsante `run` (Figura 10.8) oppure selezionare il comando `Tools > Run` se ci troviamo nell'ambiente di sviluppo `GUIDE`; mentre dalla `command windows` basterà digitare il nome del'APP.

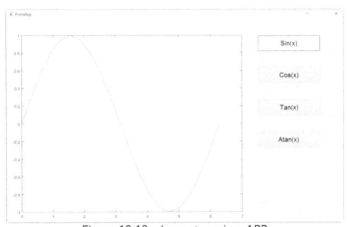

Figura 10.13 – La nostra prima APP.

Programmazione degli eventi in un'APP

Nell'esempio appena visto abbiamo realizzato la nostra prima APP, trattando sia la realizzazione della veste grafica sia la programmazione degli eventi relativi alle azioni eseguite dall'utente. Seppur relativo ad un semplice caso tale esempio ci ha introdotto alla programmazione degli eventi che ora ci apprestiamo a trattare in maniera più dettagliata.

Gli `M-file` generati dal tool GUIDE e associati alla APP ne determinano il controllo e il modo in cui risponderà alle azioni impartite dall'utente, siano esse un clic su un bottone o piuttosto la selezione di una voce in un menu a tendina. Infatti gli `M-file` contengono il codice necessario all'esecuzione della APP incluse le chiamate alle funzioni associate agli oggetti (components) inseriti nell'Area di Layout. Nel momento in cui il tool GUIDE genera il framework per l'M-file associato alla APP sarà nostro compito quello di andare a manipolarlo in modo opportuno, e cioè impostare le funzioni associate agli oggetti in modo tale che realizzino le azioni per le quali sono stati pensati.

Nel momento in cui si avvia per la prima volta una APP, come già visto in precedenza, è creato un `M-file` che presenta una `handles structure` (struttura identificatrice) contenente tutti i dati associati agli oggetti della APP, quali per esempio controlli, menu ecc.

La `handles structure` è passata come input per ogni chiamata alle funzioni associate agli oggetti; in questo modo si potrà sfruttare tale struttura:
- per condividere i dati tra diverse chiamate alle funzioni;
- per accedere ai dati della APP.

Per esempio, per immagazzinare i dati contenuti nella variabile `A`, si fissa un campo della `handles structure` uguale ad `A`, cioè si crea un identificatore della variabile, quindi si salva la `handles structure` con una funzione `guidata`:

```
handles.dati_correnti = A;
guidata(hObject,handles)
```

In questo modo si potranno recuperare i dati contenuti nella variabile A in ogni chiamata alle funzioni attraverso il comando seguente:

```
A = handles.dati_correnti;
```

Allo stesso modo si può facilmente accedere ai dati contenuti in una APP mediante l'utilizzo della handles structure; si supponga, per esempio, di avere una APP in cui sia presente un pop-up menu il cui tag sia menu-popup che contiene tre elementi: calcio, nuoto e basket (String properties).

Si vuole inserire nella APP un ulteriore oggetto, per esempio un bottone che esegua un comando sull'elemento selezionato appartenente al menu analizzato. Nella chiamata alla funzione associata al bottone dovremo inserire il seguente comando:

```
scelte_disponibili = get(handles.menu_popup, 'String')

scelta_corrente=scelte_disponibili{get(handles.menu_popup, 'Value')};
```

Il comando appena descritto imposta il valore della scelta_corrente su calcio, nuoto o e basket in funzione di quale di questi elementi sia selezionato in quel momento nel menu.

Inoltre si può identificare l'intera struttura della APP tramite handles structure; infatti, se il tag della APP è figuraA, allora:

```
handles.figuraA
```

identifica l'intera APP. In questo modo, se vogliamo inserire un comando che chiude la APP potremo scrivere:

```
delete(handles.figuraA)
```

Vediamo ora come inserire il codice negli M-file generati dal tool GUIDE. Si può inserire del codice in qualsiasi parte di un M-file associato a una APP, attraverso i seguenti modi:

- `opening function`;
- `output function`;
- `callback`.

Opening function

Una `opening function` contiene del codice che è eseguito prima che la APP si renda visibile all'utente; l'accesso agli oggetti della APP è comunque garantito in quanto tutti gli oggetti della APP sono creati prima che la `opening function` sia chiamata. Si può aggiungere del codice a una `opening function` affinché si realizzi un'azione che necessita di essere eseguita prima che l'utente abbia accesso alla APP, per esempio per la creazione di un grafico o di un'immagine.

Per una APP a cui sia stato dato il nome di `prima_gui` la linea di definizione di una `opening function` è riportata di seguito:

```
function prima_gui_OpeningFcn(hObject, eventdata, handles, varargin)
```

In aggiunta agli argomenti `hObject` e `handles` la `opening function` presenta i seguenti argomenti di input:
- `eventdata`, riservato alle versioni future di MATLAB;
- `varargin`, argomenti di command line senza titolo.

Output function

Una `output function` fornisce gli argomenti di output alla linea di comando di MATLAB, in modo che siano disponibili per ulteriori calcoli; questa caratteristica si presenta particolarmente utile nel caso in cui si voglia passare una variabile a un'altra APP.

Per una `output function` il tool GUIDE genera le seguenti linee di codice:

```
% --- Outputs from this function are returned to the command line.
function varargout = prima_gui_OutputFcn(hObject, eventdata, handles)

% Get default command line output from handles structure
varargout{1} = handles.output;
```

Se la APP non è bloccata, in altre parole se l'**M-file** non contiene il comando **uiwait**, l'output generato è semplice da manipolare nella APP dopo che sia stato assegnato come **handles.output** nella **opening function**.

Per fare in modo che la APP fornisca un output differente, per esempio nel caso in cui si voglia che rappresenti la risposta a un'azione promossa dall'utente (si pensi alla pressione di un bottone), allora sarà necessario effettuare le seguenti operazioni:
- aggiungere il comando **uiwait**, in modo tale che l'**M-file** arresti l'esecuzione fino a quando l'utente attiva un oggetto della APP;
- per ogni oggetto della APP a cui sia associata una risposta da parte dell'utente, fare in modo che sia aggiornato il valore del **handles.output** ed esegua **uiresume**.
Per capire meglio il significato delle espressioni precedenti facciamo un esempio banale: supponiamo che la APP contenga un bottone con la proprietà **string** impostata su **SI**; allora, aggiungeremo il codice seguente per fare in modo che la chiamata determini che la APP restituisca **SI** quando l'utente schiaccia il bottone:

```
handles.output = 'SI';
guidata(hObject, handles);
uiresume;
```

Quando la APP è attivata con il comando:

```
OUT = prima_gui
```

alla pressione da parte dell'utente del bottone **SI** la APP fornirà il seguente output alla riga di comando:

```
OUT = 'SI'
```

L'output **varargout**, che rappresenta un array di celle, può contenere un qualsiasi numero di argomenti di output; di default il tool **GUIDE** prevede un solo argomento di output, **handles.output**. Per creare un secondo argomento di output, aggiungere il seguente comando alla **output function**:

```
varargout{2} = handles.secondo_output;
```

Callback

Quando un utente attiva un oggetto della APP è eseguita la corrispondente `callback`, che contiene gli statement che vengono eseguiti nel `workspace` di MATLAB. Il nome della `callback` è determinato dal tag `property` del relativo oggetto e dal tipo di `callback`. Per esempio, un bottone con il tag `stampa_bottone` esegue la `callback` `function` seguente:

```
stampa_bottone_Callback(hObject, eventdata, handles)
```

Argomenti di input e di output

Esistono diversi modi per eseguire una APP denominata prima_gui con diversi argomenti di input e di output; di seguito ne sono riportati alcuni esempi tipici:
- `prima_gui`, senza argomenti, apre semplicemente la APP con nome prima_gui;
- `H = prima_gui` apre prima_gui e fornisce un handle (identificatore) a prima_gui;
- `prima_gui ('Property', Value,...)`, dove Property rappresenta una valida proprietà dell'oggetto, apre la APP utilizzando la coppia proprietà-valore fornita; si può eseguire la APP con più di una coppia proprietà-valore;
- `prima_gui ('funzione', hObject, eventdata, handles,...)` chiama la funzione con nome funzione presente nell'M-file associato alla APP con gli argomenti di input forniti;
- `prima_gui ('chiave', Value,...)`, dove chiave rappresenta una qualsiasi stringa che non sia una valida proprietà della figura o un nome di una funzione, crea una nuova APP di nome prima_gui e passa la coppia chiave-valore a una opening function nell'M-file della APP attraverso varagin.

Le callback degli oggetti

Abbiamo già visto quali sono gli oggetti che è possibile inserire in una APP e abbiamo inoltre precisato che, affinché tali oggetti eseguano le azioni per le quali sono stati realizzati, è necessario che a essi siano associate le relative callback. In questo paragrafo impareremo a realizzare le callback per ogni oggetto presente nella Component Palette del Layout Editor.

Slider
È utilizzata per rappresentare un range di valori, se ne può determinare il valore corrente attraverso la sua callback e in particolare controllando la proprietà value come mostrato nel codice seguente:

```
function slider_Callback(hObject, eventdata, handles)
% hObject handle to slider1 (see GCBO)
% eventdata reserved - to be defined in a future version of MATLAB
% handles structure with handles and user data (see GUIDATA)
% Hints: get(hObject,'Value') returns position of slider
% get(hObject,'Min') and get(hObject,'Max') to determine...
slider_value = get(hObject,'Value');
display(slider_value);
```

Quando l'utente sposta il cursore, la funzione callback ottiene il valore corrente della posizione del cursore e lo visualizza nella finestra di comando. Per impostazione predefinita, la gamma dei valori del cursore è [0, 1]. Per modificare tale intervallo, impostare le proprietà Max e Min nella finestra Inspector dell'oggetto.

Radio Button
Questo oggetto consente all'utente di effettuare una scelta singola esclusiva nell'ambito di un insieme predefinito di opzioni o possibili scelte. Se ne può determinare lo stato corrente attraverso la sua callback e in particolare controllando la proprietà value, come mostrato nel codice seguente:

```
function radiobutton1_Callback(hObject, eventdata, handles)
% hObject handle to radiobutton1 (see GCBO)
% eventdata reserved - to be defined in a future version of MATLAB
% handles structure with handles and user data (see GUIDATA)
% Hint: get(hObject,'Value') returns toggle state of radiobutton1

if (get(hObject,'Value') == get(hObject,'Max'))
   display('Selezionato');
else
   display('Non Selezionato');
end
```

Nella fattispecie il codice appena inserito ci consente di visualizzare, nella finestra di comando, la scritta 'Selezionato' quando il Radio Button è selezionato altrimenti la scritta 'Non Selezionato'.

Se il Radio Button è inserito in un Button Group è necessario inserire il relativo codice di controllo nella callback function SelectionChangeFcn del Button Group, e non in una callback function del Radio Button individuale.

Check Box

Si tratta di un controllo grafico con cui l'utente può effettuare selezioni multiple. Se ne può determinare lo stato corrente attraverso la sua callback e in particolare controllando la proprietà value come mostrato nel codice seguente:

```
function checkbox1_Callback(hObject, eventdata, handles)
% hObject handle to checkbox1 (see GCBO)
% eventdata reserved - to be defined in a future version of MATLAB
% handles structure with handles and user data (see GUIDATA)
% Hint: get(hObject,'Value') returns toggle state of checkbox1

if (get(hObject,'Value') == get(hObject,'Max'))
    display('Selezionato');
else
    display('Non Selezionato');
end
```

Come nel caso precedente, il codice appena inserito ci consente di visualizzare, nella finestra di comando, la scritta 'Selezionato' quando il Check Box è selezionato altrimenti la scritta 'Non Selezionato'.

Edit Text

Rappresenta una casella di testo; per ottenere una stringa di testo digitata dall'utente in una casella di testo è necessario risalire alla String property della relativa callback.

Vediamo nel dettaglio un esempio:

```
function edit1_Callback(hObject, eventdata, handles)
% hObject handle to edit1 (see GCBO)
% eventdata reserved - to be defined in a future version of MATLAB
% handles structure with handles and user data (see GUIDATA)
% Hints: get(hObject,'String') returns contents of edit1 as text
% str2double(get(hObject,'String')) returns contents as double
input = get(hObject,'String');
```

```
display(input);
```

Quando l'utente digita dei caratteri all'interno del campo di testo e preme il tasto Invio, la funzione callback recupera il valore della stringa e lo visualizza nella finestra di comando.

Per consentire agli utenti di immettere più righe di testo, impostare le proprietà Max e Min con valori numerici che soddisfano la relazione Max - Min> 1. Ad esempio, impostare Max a 2, e Min a 0 per soddisfare la precedente disuguaglianza. In questo caso, la funzione callback si innesca quando l'utente finale fa clic su una zona nell'interfaccia utente che si trova all'esterno del campo di testo.

Per ricavare invece dei dati numerici da una componente Edit Text, ricordiamo che MATLAB fornisce il valore della proprietà String di una casella di testo come una stringa di caratteri. Se si desidera che l'utente inserisca dati numerici in una casella di testo è necessario fare in modo che MATLAB converta i caratteri in numeri. Tutto questo è possibile attraverso l'utilizzo della funzione str2double(), che converte appunto delle stringhe di caratteri in numeri rappresentati in doppia precisione. Nel caso l'utente inserisca caratteri non numerici, allora la funzione str2double() fornisce come risultato NaN (not a number).

Potremo, per esempio, inserire le seguenti righe di codice nella callback relativa alla Edit Text; in questo modo MATLAB preleva il valore della String property e lo converte in un numero in doppia precisione. Nel caso il valore convertito sia NaN, allora avverte l'utente che è stato inserito un carattere non numerico mediante la visualizzazione di un segnale di errore.

```
function edit1_Callback(hObject, eventdata, handles)
% hObject    handle to edit1 (see GCBO)
% eventdata  reserved - to be defined in a future version of MATLAB
% handles    structure with handles and user data (see GUIDATA)

% Hints: get(hObject,'String') returns contents of edit1 as text
% str2double(get(hObject,'String')) returns contents of edit1        as
a double

input = str2double(get(hObject,'string'));
if isnan(user_entry)
  errordlg('Inserire un valore numerico','Bad Input','modal')
end
display(input)
```

Pop-up Menu

Fornisce una lista di opzioni mutuamente esclusive. Si può programmare la relativa **callback** in modo che lavori solo con la voce d'indice selezionata (che, ricordiamo, è contenuta nella proprietà **Value**), oppure affinché fornisca la stringa contenuta nella voce selezionata.

Il codice che segue è un esempio di **CreateFcn** che popola il menu popup con le voci, **Roma**, **Milano** e **Napoli**.

```
function popupmenu1_CreateFcn(hObject, eventdata, handles)
% hObject handle to popupmenu1 (see GCBO)
% eventdata reserved - to be defined in a future version of MATLAB
% handles empty - handles not created until after all CreateFcns
% Hint: popupmenu controls usually have a white background on      Win-
dows.
if ispc && isequal(get(hObject,'BackgroundColor'),...
    get(0,'defaultUicontrolBackgroundColor'))
    set(hObject,'BackgroundColor','white');
end

set(hObject,'String',{'Roma';'Milano';'Napoli'});
```

L'ultima riga popola il contenuto del menu pop-up. Occupiamoci ora di scrivere una semplice funzione **callback** che recupera la selezione effettuata dall'utente e la stampa a video.

```
function popupmenu1_Callback(hObject, eventdata, handles)
% hObject handle to popupmenu1 (see GCBO)
% eventdata reserved - to be defined in a future version of MATLAB
% handles structure with handles and user data (see GUIDATA)
%   Hints:  contents  =  cellstr(get(hObject,'String'))  returns  con
        tents...
% contents{get(hObject,'Value')} returns selected item...

opzioni = get(hObject,'String');
indice_selezione = get(hObject,'Value');
opzione_selezionata = opzioni{indice_selezione};
display(opzione_selezionata);
```

Quando l'utente seleziona una voce del menu pop-up, la funzione callback esegue i seguenti compiti:

- **opzioni = get(hObject,'String')** recupera dapprima tutte le voci del menu a comparsa e li memorizza nella variabile, **opzioni**;

- `indice_selezione = get(hObject,'Value')` recupera l'indice numerico della voce selezionata e lo memorizza nella variabile, `indice_selezione`;
- `opzione_selezionata = opzioni{indice_selezione}` recupera il valore della stringa relativa alla voce selezionata e lo memorizza nella variabile, `opzione_selezionata`;
- `display(opzione_selezionata)` ci consente di visualizzare l'elemento selezionato nella finestra di comando di MATLAB.

Listbox

Mostra un lista di opzioni selezionabili con lo scroll. MATLAB valuta la lista dopo il rilascio del bottone del mouse oppure in seguito alla pressione di uno specifico tasto della tastiera. In particolare, i tasti freccia cambiano il valore della proprietà `Value` e determinano l'esecuzione della `callback`, mentre i tasti `Invio` e `Spazio` non cambiano il valore della proprietà `Value` ma determinano l'esecuzione della `callback`.

Per questo tipo di oggetto vale quanto detto per il `popup menu` e possiamo quindi sfruttare lo stesso esempio.

```
% --- Executes on selection change in listbox1.
function listbox1_Callback(hObject, eventdata, handles)
% hObject    handle to listbox1 (see GCBO)
% eventdata  reserved - to be defined in a future version of MATLAB
% handles    structure with handles and user data (see GUIDATA)

% Hints:  contents = cellstr(get(hObject,'String')) returns  listbox1
%         contents as cell array
%              contents{get(hObject,'Value')} returns selected item from
%         listbox1

opzioni = get(hObject,'String');
indice_selezione = get(hObject,'Value');
opzione_selezionata = opzioni{indice_selezione};
display(opzione_selezionata);

% --- Executes during object creation, after setting all properties.
function listbox1_CreateFcn(hObject, eventdata, handles)
% hObject    handle to listbox1 (see GCBO)
% eventdata  reserved - to be defined in a future version of MATLAB
% handles    empty - handles not created until after all CreateFcns
%         called

% Hint: listbox controls usually have a white background on Windows.
%       See ISPC and COMPUTER.
if      ispc      &&      isequal(get(hObject,'BackgroundColor'),...
         get(0,'defaultUicontrolBackgroundColor'))
   set(hObject,'BackgroundColor','white');
```

```
end
set(hObject,'String',{'Roma';'Milano';'Napoli'});
```

Toggle Button

Ricordiamo che l'oggetto Toggle Button fornisce solo due scelte: on/off. La relativa callback deve essere in grado di determinare lo stato attuale del Toggle Button. In particolare, MATLAB imposta la proprietà Value a Max quando il Toggle Button è premuto, mentre imposta la proprietà Value a Min quando il Toggle Button non è premuto. Di seguito è riportato un esempio di callback relativa a un Toggle Button:

```
function togglebutton1_Callback(hObject, eventdata, handles)
% hObject     handle to togglebutton1 (see GCBO)
% eventdata   reserved - to be defined in a future version of MATLAB
% handles     structure with handles and user data (see GUIDATA)

% Hint: get(hObject,'Value') returns toggle state of togglebutton1

stato_pulsante= get(hObject,'Value');
if stato_pulsante == get(hObject,'Max')
    display('ON');
elseif stato_pulsante == get(hObject,'Min')
    display('OFF');
end
```

Axes

L'oggetto Axes permette di visualizzare dei grafici nella APP. Così come tutti gli oggetti grafici, Axes possiede una serie di proprietà che possono essere impostate in modo da modificarne l'aspetto o il comportamento. L'oggetto Axes non è di tipo uicontrol ma è ugualmente programmato in modo che possa eseguire una callback quando l'utente clicca con il mouse in una qualsiasi area dell'oggetto. Per definire la relativa callback è necessario utilizzare la proprietà ButtonDownFcn.

Se la APP che stiamo creando conterrà un oggetto Axes è necessario assicurarsi che le opzioni di accessibilità della linea di comando siano impostate da parte della relativa callback. Questo ci permette di eseguire il comando per la realizzazione del grafico dalla callback senza l'esplicito riferimento al particolare oggetto Axes in cui dovrà essere contenuto. Nel caso in cui la APP sia aperta attraverso un comando contenuto in una callback di un'altra

APP, è necessario invece specificare il preciso oggetto Axes in cui dovrà essere visualizzato il grafico.

ActiveX Control

Se MATLAB è installato su un sistema Microsoft Windows è possibile inserire controlli ActiveX in una APP. Nel momento in cui si inserisce un oggetto ActiveX dalla Component Palette nell'Area di Layout, il tool GUIDE mostra a video una finestra di dialogo in cui è possibile selezionare qualsiasi controllo ActiveX registrato sul nostro sistema. Nel momento in cui un controllo ActiveX è selezionato e si clicca su Create, il controllo appare sottoforma di un piccolo riquadro nel Layout Editor. A questo punto sarà possibile programmare il controllo in modo da eseguire le operazioni da noi desiderate.

Panel

L'oggetto Panel rappresenta un pannello in cui sono raggruppati più controlli; la posizione di ogni componente presente nel pannello è fissata in base alle dimensioni del pannello stesso, e nel caso in cui il pannello dovesse essere ridimensionato molto probabilmente si dovrà dare una sistemata alle posizioni assunte dagli oggetti presenti.

Per esempio, la callback che di seguito si propone, visualizza il testo 'Mouse premuto'nella finestra di comando, quando l'utente fa clic sull'oggetto Panel.

```
function uipanel1_ButtonDownFcn(hObject, eventdata, handles)
% hObject    handle to uipanel2 (see GCBO)
% eventdata  reserved - to be defined in a future version of MATLAB
% handles    structure with handles and user data (see GUIDATA)
display('Mouse premuto');
```

Per inserire la funzione ButtonDownFcn basterà, dopo aver selezionato l'oggetto Panel selezionare il comando View > Callbacks > ButtonDownFcn.

Button Group

L'oggetto Button Group è simile all'oggetto Panel ma può essere utilizzato solo ed esclusivamente per manipolare il comportamento di oggetti Radio Button e Toggle Button.

Nel caso in cui si utilizzi, appunto, un oggetto Button Group per gestire Radio Button e Toggle Button è necessario inserire il relativo codice di controllo nella funzione callback SelectionChangeFcn del Button Group, e non in una funzione callback uicontrol individuale. Infatti, il Button Group sovrascrive le proprietà callback dei Radio Button e Toggle Button che gestisce.

L'esempio di callback SelectionChangeFcn riportata di seguito utilizza la proprietà SelectedObject del Button Group per ottenere un identificatore degli oggetti selezionati. Allora verrà utilizzata la proprietà Tag degli oggetti selezionati per scegliere il codice appropriato da eseguire.

```
function uibuttongroup1_SelectionChangeFcn(hObject,eventdata,handles)
% hObject maniglia all'oggetto uipanel1
% eventdata riservato - da definire nelle versioni future di MATLAB
% handles struttura con maniglie e dati degli utenti
selection = get(hObject,'SelectedObject');
switch get(selection,'Tag')
  case 'radiobutton1'
    %parte di codice da eseguire quando il radiobutton1 è selezionato
    case 'radiobutton2'
    %parte di codice da eseguire quando il radiobutton2 è selezionato
  % ...
end
```

Push Button

Il Push Button richiama un evento con il solo clic, infatti genera un'azione quando è premuto; per attivare il Push Button, allora, basterà cliccare col mouse sul bottone. Sviluppiamo allora una semplice APP per dimostrare l'utilizzo del Push Button: la APP contiene un solo bottone e mostra la stringa Ciao nella Command Window di MATLAB quando il bottone è premuto.
Il primo passo consiste nell'aprire il tool GUIDE, selezionare il componente Push Button presente nella Component Palette e trascinarlo nella APP vuota generata da GUIDE.

A questo punto si possono impostare le proprietà del bottone. Per esempio, si può impostare la proprietà String con la stringa Saluto per fare in modo di visualizzarla sul bottone.
Infine è necessario programmare la callback affinché permetta la visualizzazione del testo nella Command Window. La seguente callback visualizza la stringa di testo Ciao sulla linea di comando di MAT-

LAB nel momento in cui si clicca sul bottone e in seguito chiude la APP.

```
function pushbutton1_Callback(hObject, eventdata, handles)
% hObject    handle to pushbutton1 (see GCBO)
% eventdata  reserved - to be defined in a future version of MATLAB
% handles    structure with handles and user data (see GUIDATA)
display Ciao
close(handles.figure1);
```

Il comando `close(handles.figure1)` chiude la finestra della APP dopo che il bottone `Saluto` sia stato premuto e la stringa `Ciao` sia stata visualizzata nella finestra dei comandi.

Per provare questa semplice applicazione è sufficiente digitare nella finestra dei comandi il nome con cui si è salvata la APP. A questo punto apparirà una finestra contenente il bottone `Saluto`. Premendo il bottone `Saluto`, MATLAB scriverà `Ciao` nella finestra dei comandi e chiuderà la finestra della APP.

Static Text

L'oggetto `Static Text` mostra una stringa di testo in una casella. Dopo aver aggiunto alla nostra APP l'oggetto `Static Text` selezioniamolo ed apriamo la `Property Inspector` per modificare in modo opportuno le proprietà dell'oggetto.

La proprietà `Style text` specifica alla APP che si tratta di un oggetto `Static Text`. La proprietà `string` definisce il testo che dovrà apparire nell'oggetto; nel caso la lunghezza dell'oggetto risultasse troppo piccola per contenere il testo, MATLAB disporrà il testo su più righe.

Infine la proprietà `Position` specifica la posizione e la dimensione dell'oggetto `Static Text`. Nell'esempio analizzato il testo visualizzato avrà una proprietà `Position` del tipo [2 25 150 6], cioè una lunghezza pari a 150 pixel e un'altezza pari a 6 pixel e sarà posizionato a 2 pixel dal margine sinistro della figura e a 25 pixel dal margine inferiore. In ogni caso MATLAB assume di default che la Proprietà `Units` sia impostata su pixels, ossia che i valori indicati siano misurati in pixel.

Introduzione a App Designer

`App Designer` rappresenta un ambiente specifico per la creazione di applicazioni MATLAB che ci semplifica enormemente il processo di ideazione delle componenti di visualizzazione di un'interfaccia utente. In essa sono presenti, di default, una serie di modelli d'interfaccia utente già pronti, così come una serie di oggetti programmabili da inserire nella nostra APP al fine di creare pannelli di controllo e interfacce uomo-macchina.

Nell'ambiente di `App Designer` sono integrate le due operazioni principali per la creazione di applicazioni: l'ideazione delle componenti di visualizzazione e la programmazione del comportamento dell'app. Il passaggio tra l'area di progettazione visiva e quella relativa allo sviluppo del codice avviene in maniera semplice ed estremamente rapida (Figura 10.14). Contiene, infatti, una versione integrata dell'Editor di MATLAB che ci permette di aggiungere nuove proprietà, callback e altre funzioni con un solo clic.

`App Designer` genera, in automatico, il codice associato all'oggetto che abbiamo inserito nella nostra APP, adottando il paradigma di programmazione orientata all'oggetto. Questo formato facilita la condivisione dei dati tra le diverse parti dell'app e la struttura compatta del codice rende più facile la sua comprensione e il suo mantenimento. Le app vengono memorizzate come un unico file che contiene sia il layout sia il codice.

È possibile condividere le applicazioni utilizzando questo singolo file oppure è possibile generare un pacchetto con il codice e i dati di supporto per la successiva installazione nella `App Gallery`.

Per renderci conto di quanto sia semplice realizzare un'APP con tale strumento analizzeremo un esempio di realizzazione di un'applicazione per la visualizzazione di grafici. In particolare mostreremo come creare un app che tracci una sinusoide con i parametri specificati dall'utente. Quando l'utente fa clic su un pulsante dell'app, è tracciata l'onda sinusoidale.

Per creare l'applicazione seguire la procedura indicata di seguito:

1) dalla libreria dei componenti di `App Designer`, a sinistra, trascinare nell'area di disegno centrale un `button`, due `edit field` (numerico), ed un `Axes (2D)`;

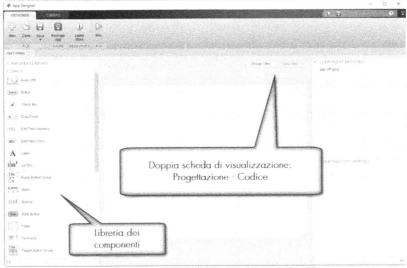

Figura 10.14 – L'ambiente APP DESIGNER.

2) disporre i componenti come illustrato nella Figura 10.15;

3) nell'area di disegno, fare doppio clic sul testo accanto al primo `Edit Field` e modificare il testo con la scritta `Ampiezza (A):`;

4) fare, quindi, doppio clic sul testo accanto al secondo `Edit Field` e modificare il testo con la scritta `Cicli (C):`;

5) fare doppio clic sul testo del pulsante e digitare `Grafico`;

6) Selezionare l'oggetto `Axes` e individuare la proprietà `title` nel pannello `Axes Properties`. Impostare il titolo come: `Grafico di Y = A Sin(CX)`;

7) Sopra l'area di progettazione, fare clic su `code view` (visualizza codice);

8) Nel `Component Browser`, a destra dell'editor, fare clic destro su `app.GraficoButton` e selezionare `Callbacks>Add ButtonPushedFcn callback`.

9) nella finestra di dialogo `Add Callback Function`, cliccare su `OK` (in questo modo si accetta il nome fornito di default alla callback);

10) aggiungere il codice seguente alla `callback function`. I comandi presenti utilizzano i valori presenti negli oggetti `edit field` per calcolare y, dopodiché si diagramma x e y, con $0 \leq x \leq 2\pi$.

```
x = 0:pi/100:2*pi;
c = app.CicliCEditField.Value;
y = app.AmpiezzaAEditField.Value * sin(c*x);
plot(app.UIAxes,x,y);
app.UIAxes.XLim = [0 2*pi];
```

11) infine avviare l'app cliccando sul bottone `Run`, come già visto negli esempi precedenti sarà necessario salvare le modifiche apportate all'applicazione prima di poterla eseguire.

Per comprendere nel dettaglio la parte relativa alla programmazione degli eventi associati alla APP analizziamo nel dettaglio il codice che abbiamo in essa inserito:

```
x = 0:pi/100:2*pi;
c = app.CicliCEditField.Value;
y = app.AmpiezzaAEditField.Value * sin(c*x);
plot(app.UIAxes,x,y);
app.UIAxes.XLim = [0 2*pi];
```

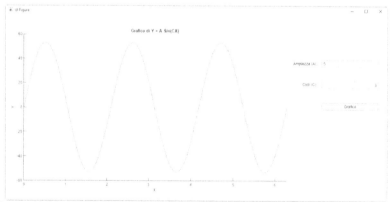

Figura 10.15 – Grafico di una sinusoide con i parametri specificati dall'utente.

La prima riga fissa i valori della variabile x:

```
x = 0:pi/100:2*pi;
```

Ma già a partire dalla seconda riga immagazziniamo nella variabile c il contenuto, inserito dall'utente, nel secondo campo edit field (Cicli):

```
c = app.CicliCEditField.Value;
```

Nella terza riga invece calcoliamo la y utilizzando la funzione sin() utilizzando sia la variabile c sia il contenuto del primo campo edit field (Ampiezza):

```
y = app.AmpiezzaAEditField.Value * sin(c*x);
```

Quindi procediamo a tracciare il grafico:

```
plot(app.UIAxes,x,y);
```

Infine impostiamo correttamente l'asse x:

```
app.UIAxes.XLim = [0 2*pi];
```

Come abbiamo avuto modo di verificare App Designer è dotato degli stessi controlli presenti nell'ambiente GUIDE, ma il processo per la costruzione delle applicazioni appare sostanzialmente diverso. Si evidenziano le differenze relative al supporto grafico, al codice generato, alle modalità di accesso ai componenti, alla codifica delle callback, e agli elementi di visualizzazione.